MANUAL PARA ROMPER UN CUERPO

LARA GIL

MANUAL PARA ROMPER UN CUERPO

UNA HISTORIA SOBRE GORDOFOBIA

AGUILAR

Papel certificado por el Forest Stewardship Council®

Primera edición: mayo de 2025
Primera reimpresión: junio de 2025

© 2025, Lara Gil
© 2025, Penguin Random House Grupo Editorial, S. A. U.
Travessera de Gràcia, 47-49. 08021 Barcelona

Penguin Random House Grupo Editorial apoya la protección de la propiedad intelectual. La propiedad intelectual estimula la creatividad, defiende la diversidad en el ámbito de las ideas y el conocimiento, promueve la libre expresión y favorece una cultura viva. Gracias por comprar una edición autorizada de este libro y por respetar las leyes de propiedad intelectual al no reproducir ni distribuir ninguna parte de esta obra por ningún medio sin permiso. Al hacerlo está respaldando a los autores y permitiendo que PRHGE continúe publicando libros para todos los lectores. De conformidad con lo dispuesto en el artículo 67.3 del Real Decreto Ley 24/2021, de 2 de noviembre, PRHGE se reserva expresamente los derechos de reproducción y de uso de esta obra y de todos sus elementos mediante medios de lectura mecánica y otros medios adecuados a tal fin. Diríjase a CEDRO (Centro Español de Derechos Reprográficos, http://www.cedro.org) si necesita reproducir algún fragmento de esta obra.
En caso de necesidad, contacte con: seguridadproductos@penguinrandomhouse.com

Printed in Spain – Impreso en España

ISBN: 978-84-03-52407-1
Depósito legal: B-4794-2025

Compuesto en Mirakel Studio, S. L. U.

Impreso en Black Print CPI Ibérica
Sant Andreu de la Barca (Barcelona)

AG 2 4 0 7 A

A mi madre.

Por poner las vísceras en juego.
Por revolverme las tripas.
Y por estrujarme el corazón

ÍNDICE

Introducción. Extrañas entrañas 11

1. Pelo 19
2. Dientes 25
3. Cuerpo 31
4. Vómito 37
5. Deshidratación 43
6. Ruido 47
7. Síndrome de dumping 51
8. Miedo 57
9. Miradas 63
10. Ocultarse 73
11. Mi cuerpo es un campo de batalla 77
12. Comer 85
13. Hambre 95
14. Y de Roux 99
15. Laparoscopia 105
16. Mutilar 109
17. UCI 115

18. Mentira 119
19. Consentimiento 129
20. Apta 133
21. Huecos 139
22. La revolución de la glucosa 157
23. Como lo que quiero 165
24. Rosa 173
25. TCA 177
26. Médico 183
27. Sinestesia espejo del tacto 189
28. El cuerpo equivocado 201
29. Ballena 205
30. Cuando adelgace seré feliz 213
31. Terror corporal 217
32. No lo hagas 223
33. Silencio 227

Nota de la autora 231
Gracias 233
Bibliografía 235

Introducción:
EXTRAÑAS ENTRAÑAS

He pasado muchos años ocultando una parte de mi vida para protegerme del daño que me pudieran hacer si compartía esa información. Durante mucho tiempo creí que el silencio me protegía, cuando en realidad me estaba atrapando. Romper el silencio y permitirme descubrir lo que me pasó ha generado en mí cosas muy diferentes a las que imaginaba. Me ha dado control y autonomía sobre la gordofobia que he vivido y que vivo.

Contar mi historia también me permite abrir la puerta a un diálogo sobre un tema tabú: las mutilaciones legales y consentidas a las personas gordas. Tras años de dietas y ejercicio, de someterme a todo tipo de restricciones, hace diecisiete años me realicé una cirugía bariátrica que cambió mi vida de manera radical y definitiva. Y no como yo había imaginado.

Desde hace años se realizan en España miles de operaciones de cirugía bariátrica; seguro que has oído hablar de ello. Son operaciones complejas, que requieren de una gran preparación y que tienen consecuencias graves e irreparables en la vida de quienes nos sometemos a ellas. He pasado un año investigando este tema, lo he hecho por mí y porque es necesario que alguien lo cuente, ya que, aunque la mayoría conocemos a alguien que se ha realizado una intervención así —la amiga de una amiga, la tía, la vecina—, como en el final de los cuentos o las pelis con final feliz, habitualmente no tenemos ni idea de lo que pasa el día después.

Durante el tiempo que he pasado documentándome para escribir este libro he llegado a tres conclusiones importantes y quiero contártelas antes de que sigas leyendo. Siempre me ha gustado empezar las historias por el final, prefiero resolver el misterio para poder recrearme después.

1. La información que hay sobre este tema es muy escasa, está incompleta, es confusa y en muchos casos se omiten deliberadamente datos que son necesarios para tomar la decisión de entrar al quirófano y mutilar parte del sistema digestivo.
2. Si conociéramos las consecuencias reales de este tipo de intervenciones, muchas de nosotras no nos someteríamos a ellas. Es necesario que los y las profesionales den información real sobre cómo te cambia la vida después de una operación así.
3. La salud de las personas operadas con cirugía bariátrica disminuye inmediatamente después de salir del quirófano. Los problemas físicos y mentales son mucho más grandes que los que podíamos tener antes.

Estas tres ideas son las que han hecho que las páginas que escribí en primavera de 2024 en una playa de Benicàssim para intentar ordenar mi historia se hayan convertido en un libro sobre las mutilaciones legales a las personas gordas en España, aunque podría ser extensible a la mayoría de los países conocidos como occidentales.

He investigado de forma autónoma y sin ningún tipo de ayuda más que la de mis amigas, que me daban ánimos, me enviaban artículos o me ayudaban a traducir textos insoportables. He buceado durante horas en internet, he preguntado a ChatGPT y he leído artículos científicos bastante densos, pero que guardaban información relevante. Mientras leía y me hacía preguntas iba entendiendo muchas de las cosas que me pasaban y he podido ponerle nombre a algunos de mis síntomas o entender las causas de muchos de mis problemas de salud. Espero que este texto ayude también a otra gente operada que, por falta de información, no puede nombrar ni comprender muchos de sus problemas.

En el libro hablo de este tipo de operaciones en un término poco habitual, las llamo «mutilaciones». Sé que es un término que asusta, no es agradable. De hecho, recuerdo la primera vez que alguien se refirió así a lo que yo llamaba «mi operación». Me quedé paralizada, pero a la vez algo caliente se encendió dentro de mí. Desde ese mismo momento no pude despegarme de la palabra: mutilada, mutilada, mutilada. ¿Cómo iba a ser yo una persona mutilada? Esa pregunta me acompañaba, pero también lo hacía la certeza de que es así, estoy mutilada y eso explica muchas de las cosas que me pasan. Aceptarlo es más liberador que doloroso, me permite dejar de jugar a ser algo que no soy: una persona sana. No soy una persona sana. Desde que me operé he pasado por diferentes problemas de salud que me dificultan la vida y, aunque durante mucho tiempo intenté simular que no me afectaban, siempre han estado ahí.

Escribo estas palabras el 14 de febrero de 2025, dentro de unas horas tengo cita en el Hospital Universitario Santa Cristina porque me van a hacer una gastroscopia para comprobar que todo esté bien. No tiene nada de romántico entrar a un quirófano a que me seden y me metan un tubo por la garganta, pero estoy contenta, porque por fin alguien me dirá qué me pasa ahí dentro. Es la primera vez que me hacen una prueba así desde que me operé. Llevo cuatro años yendo a las consultas de diferentes especialistas para entender por qué me pasa lo que me pasa. Y lo que me pasa es que vivo en un estado de anemia grave del que no consigo salir, sufro episodios de fiebre continuamente, me deshidrato de forma habitual y convivo con vómitos y diarreas. La respuesta que me da la mayoría de los profesionales a estos síntomas es que son las consecuencias habituales después de una operación de cirugía bariátrica.

Ha pasado un año desde que empecé este proyecto y hoy estoy escribiendo las últimas palabras antes de que este libro sea corregido y mandado a la imprenta. Abro mi calendario y miro qué estaba haciendo exactamente hace un año y descubro que por esas fechas me estaba montando en un coche con gente desconocida dirección Cuenca rumbo a Sudakasa, un proyecto precioso liderado por Gabriela Wiener, para realizar un taller de escritura con María Fernanda Ampuero. Un mes antes había visto en Instagram el cartel del taller y decía así:

Extrañas entrañas

¿Qué significa escribir desde las vísceras? ¿Cómo se apaga el cerebro para escribir desde el cuerpo? En este taller nos evisceraremos y revisaremos nuestra historia para encontrar el epicentro del dolor y escribir sobre él. Más que un taller, el nuestro será un ritual en el que iremos a lo más profundo del trauma para desenterrarlo primero y luego apalearlo y exorcizarlo a través de los textos. Es importante recordar siempre, y lo haremos en nuestro encuentro, que el corazón es una víscera.

Vísceras, entrañas, trauma, ritual... Al leer el texto mi estómago empezó a rugir y me apunté sin pensar. Las primeras páginas de este libro son el resultado de ese taller, todo lo demás ha ido creciendo con fuerza y sin pausa desde mis entrañas.

He escrito este libro inspirada por el trabajo de otras compañeras y de otros textos que surgen de la necesidad de ponerle palabras a los silencios de nuestras historias, de desafiar el pacto de la normalidad y de construir una historia diferente, la nuestra. Hace muchos años, cuando empezaba a adentrarme en el activismo, descubrí el libro *Pucha potents. Manual sobre su poder, su próstata y sus fluidos*, una investigación de Diana J. Torres sobre la eyaculación femenina, la próstata y el placer. Una investigación autónoma que desafiaba las normas de la academia y que combinaba la lectura de textos con la propia experiencia. Una investigación que comienza así:

> El sistema puede estar ocultando la verdad durante siglos, pero la verdad tiene una gran virtud: siempre está ahí. Se la puede tapar para no verla, se la puede disfrazar de engaño, se le puede cambiar el nombre para que parezca otra cosa, pero no se la puede eliminar, matar, extirpar de la realidad.

Y esto es lo que nos sucede a quienes luchamos por ella: somos tenaces porque sabemos que tarde o temprano todo se pondrá en el lugar que le corresponde, porque confiamos en ello.

Los libros siempre me acompañan, por eso he intentado que las lecturas que me han inspirado en mi búsqueda por la verdad acompañen este texto también. En *Harry Potter y el cáliz del fuego* (el libro que me acompañó durante los años que os cuento aquí), Dumbledore le dice a Harry: «La verdad es algo hermoso y terrible, y por lo tanto debe ser tratado con cautela». Tiene razón, he necesitado mucho tiempo para hablar de esto porque no estaba preparada para escuchar mi verdad. Me he pasado años poniendo excusas, inventándome historias para ocultar esta parte de mí que no me gusta, de la que no me siento orgullosa. Y esa vergüenza ha sostenido una mentira. Pero la vergüenza está en la cabeza, no en las vísceras, que es desde donde ahora hablo. Ponerle palabras a mi dolor ha sido un ejercicio de comprensión y compasión hacia mi historia. Pero las palabras son también una herramienta para romper con un silencio colectivo respecto al control del cuerpo de las personas gordas. Como también dice Dumbledore: «Las palabras son, en mi no tan humilde opinión, nuestra más inagotable fuente de magia. Capaces de infligir daño y de remediarlo».

¿Es mi cuerpo la escena de un crimen cuando ya sé que yo soy la agresora o, como mínimo, uno de los agresores?
¿O debería considerarme la víctima de un crimen que tuvo lugar en mi cuerpo?

Roxane Gay

1

PELO

> Mi cuerpo solía ser mío.
>
> Virgie Tovar

Perder el pelo con diecinueve años no es fácil. Me estaba duchando, abrí la mano y encontré un gran puñado de pelos. Desde ese día hasta que aparecieron las calvas en mi cabeza pasó muy poco tiempo. Compré un bote de suplementos en el herbolario, biotina enriquecida con vitamina D, y mi amiga me dijo que no me la tomase directamente, que mejor volcase el contenido de todas las cápsulas en el bote de champú. Un champú especial para la caída del pelo al que había echado un bote de pastillas dentro.

—Tampoco es que no tengas pelo
Te dicen.

—Pero ¿qué dices? No es para tanto, mira, a mí me pasa lo mismo. Qué va, tía, si tienes un pelo muy bonito.

—No, mira, no es eso. Mira, tengo calvas.
SILENCIO.

Cuando te animan a que reduzcas tu estómago o a que te realices una manga gástrica te dicen que vas a adelgazar, pero no que se te va a caer el pelo. Te dicen lo guapa que vas a estar, pero no que vas a enfermar. Tampoco te dicen que vas a volver a engordar. Además aumenta el riesgo de osteoporosis, y la mandíbula y la dentadura se vuelven frágiles. Mutilar tu estómago tiene consecuencias y estas son solo algunas de ellas. La verdad es que nada de esto me sorprende, solo me pregunto por qué no imaginé antes que todo esto me iba a pasar a mí.

El 23 de marzo de 2007 entré a un quirófano donde cortaron mi estómago y mi intestino después de que diferentes profesionales insistieran en hacerlo. Lo hice porque sentía que era la única salida. Mutilar mi cuerpo era la solución que me daban para dejar de sufrir. Fue una mutilación consentida y completamente legal. Fue una mutilación aplaudida y celebrada. Pero fue una mutilación.

Tres meses después de haberme operado, fui a una peluquería y corté también la melena larga y rizada que me había acompañado durante diecinueve años. Cortarse el pelo y perder 70 kilos de golpe tienen un efecto inmediato: nadie te reconoce. Mi vecina dejó de saludarme al salir del ascensor y la cajera del Eroski ya no me sonreía. No decían nada, pero nadie entendía qué había pasado.

—¿Habéis visto cuánto ha adelgazado?

—El otro día la vi por la calle y no me podía creer que fuera ella.

Me imagino que esas eran las conversaciones. Me imagino a la gente hablando, sospechando. Solo lo imagino, porque nadie nunca me dijo nada. Yo tampoco. Me hacía la loca, como si no lo entendiera y disimulaba, hacía como si no hubiera cambiado nada. Han pasado diecisiete años y aún hoy se me hace difícil explicar por qué lo hice.

Elegimos al mejor cirujano de Madrid. Era el jefe de especialidad de un hospital público muy famoso de la ciudad, también pasaba consulta y operaba de manera privada por las tardes. Era muy caro y eso nos dio seguridad. Recuerdo perfectamente la tarde de enero que nos explicó en qué consistiría el proceso, sus riesgos y sus beneficios. En el despacho estábamos los tres, yo con toda mi desesperación, mi madre con toda su esperanza y él con su bata blanca, una sonrisa enorme y unas manos delicadas que me aseguraban que todo iba a ir bien.

—Tenéis que estar tranquilas, es una operación sencilla que no tiene mucho riesgo. Los riesgos son los de cualquier otro tipo de intervención.

—Vale, doctor. Y ¿qué consecuencias tiene?

—Al principio tendrás que masticar mucho. Si lo haces, volverás a comer normal en pocos meses, aunque menos cantidad.

—Me preocupa que tenga consecuencias a largo plazo, cosas que todavía no se saben.

—Si todo sale bien, las únicas consecuencias que tendrá es que deberás tomar vitaminas. Después de la operación te mandaré un suplemento vitamínico para ayudarte a absorber lo que tu intestino no puede.

—Vale. ¿Y nada más?

—No, no te preocupes. Las vitaminas son como gominolas, saben a fresa. Te tomas una cada día y ya está.

Tomar vitaminas toda la vida a cambio de dejar de engordar me pareció un buen trato. Después de esta conversación, el médico hizo un dibujo en un papel para explicarme cómo recortaría mi estómago y lo uniría a mi intestino. En él se veían unos órganos estrujados y el estómago sobrante flotando. No entendí nada, pero no me importó. He mirado ese dibujo muchas veces intentando entenderlo, seguir las líneas para ver que conecta con qué. ¿Qué parte es mi estómago?, ¿cuál es mi intestino?, ¿por qué cosen por aquí?, ¿adónde va ese tubo por allá? Es como montar un puzle al que le sobran piezas.

Desde que me operé voy mucho al médico, porque me pongo mala a menudo. Antes de operarme no me ponía mala nunca, todo lo contrario. Mi grasa me protegía. Después he tenido que acudir mucho a urgencias por infecciones de estómago, diarreas y gases, entre otras cosas. En los últimos años, además, he empezado a tener fiebres muy altas de forma periódica y me deshidrato cada vez más frecuentemente.

Han pasado diecisiete años desde que me operé y sigo siendo gorda. La delgadez duró unos pocos años, luego mi peso empezó a aumentar progresivamente. De hecho, tengo la misma talla que cuando entré al quirófano y la misma cara que en las fotos de esa época. Pero hay una diferencia entre aquella chica y yo: hoy ya no pienso que soy un monstruo. Estos años me han servido para entender que mi vida no es una comedia romántica, sino una película de terror en la que yo soy la víctima y la asesina al mismo tiempo.

Lo normal en las películas de terror es que la amiga gorda muera al principio, pero esta es una historia distinta. Aquí la protagonista es víctima de una mutilación que la convierte en enferma de por vida. No ha muerto, pero nadie sabe cómo sigue viva. Mutilaron sus órganos para hacerla bella, despedazaron su estómago para hacerla encajar. Y ahora su cuerpo no es un cuerpo. Su vida no es vida. La protagonista de esta historia, que soy yo, ha perdido tantas cosas que ya no tiene nada que perder. Y es que, cuando me quitaron el estómago, me quitaron muchas más cosas, entre ellas, el miedo.

2
DIENTES

> Sabía quiénes eran los culpables, quiénes tenían que pagar por lo que había hecho. Esta vez era yo la que tenía que cobrarme la deuda, que no había hecho otra cosa en toda la vida más que pagar las que no eran mías.
>
> LAYLA MARTÍNEZ

Mientras voy en el metro repaso mis dientes con la lengua. Siento su desgaste, los bordes irregulares, las pequeñas fracturas. Mis dientes no se parecen a los de mis amigas. Están afilados y desgastados, los bordes están rotos y llenos de caries. Voy al dentista más veces que lo que se considera normal para una mujer de mi edad.

Tengo muertos la mitad de los nervios de la boca. Los humanos tenemos doce muelas y ya he perdido los nervios de seis de ellas. En mi última visita al dentista, el doctor me dijo con una sonrisa grande y perfecta: «Los he matado todos, no queda ni uno».

Me pongo tan nerviosa cuando voy al dentista que el doctor ha empezado a poner música en su móvil para calmarme. Suele poner una lista de reproducción de Spotify con versiones de música clásica de canciones pop. Cuando me siento en el sillón le dice a su ayudante: «Ponme la lista de covers», y empieza a escarbar dentro de mí mientras suena Taylor Swift al violín o la banda sonora de *Los Bridgerton* y yo hago respiraciones concentrada en detectar el mínimo punto de dolor.

Tampoco te lo dice nadie, pero después de una reducción de estómago los dientes se desgastan muy rápido. Cada día, mientras trabajo, hago la compra o pongo una colada, el ácido de mi estómago, un ácido viejo y cansado de trabajar más de la cuenta, sube hasta mi boca corroyendo cada uno de los dientes que me quedan.

He quedado con una amiga. Voy al baño del sitio donde estamos y descubro que tengo un pequeño moratón en la mandíbula. Esa misma mañana me han puesto un implante en la muela inferior del lado derecho. Me la quitaron hace tres meses y ahora han incrustado un metal en mi mandíbula para poder poner una prótesis dentro de otros tres meses. La muela que me han quitado es una muela a la que le habían hecho ya cuatro endodoncias diferentes en tres países distintos. Desde que te quitan una muela hasta que te ponen la de mentira pasan meses, te tienen que hacer radiografías, arrancar la muela que ya no sirve, coser la carne, esperar a que cicatrice, abrirla de nuevo para poner un tornillo, volver a esperar a que cicatrice, tomar las medidas, mandar a hacer la muela nueva, esperar a que la diseñen en un laboratorio, enroscar la muela en el tornillo, comprobar que encaja bien, morder repetidas veces un papelito negro que ponen entre las muelas, pulir para que todo encaje y pagar antes de salir de la consulta. Concretamente esta muela me ha costado mil trescientos ochenta euros.

Debes tener dinero para soportar las consecuencias de una cirugía bariátrica: los dientes, la vitaminas, los tratamientos privados, la comida especial y un largo etcétera. Pero el dinero no es lo que más me importa. Perder los dientes me angustia mucho, es la evidencia de que algo está mal en mí. Una mujer de treinta y siete años no se queda sin dientes si no es por motivos muy concretos.

No sé cómo explicarle a la gente que estoy perdiendo los dientes. Me da mucha vergüenza; también me da vergüenza perder el pelo. Pienso que no es por mi culpa y aun así no puedo evitar que me suba un vértigo desde el estómago hasta la garganta cuando lo pienso. Yo decidí entrar a ese quirófano sin pensar en las consecuencias. Soy yo la responsable de que mi cuerpo se esté deshaciendo de forma acelerada.

Luego pienso que no, que a las personas que nos operaron hace diez o doce años nos mintieron, nos ocultaron información y nos manipularon. Jugaron con nuestro miedo y con nuestra esperanza. Nos engañaron. Nos aseguraron que nuestras vidas serían mejores y ahora somos enfermas crónicas. Las personas sometidas a cirugía bariátrica sufrimos muchas enfermedades fruto de la reducción, sin embargo, si pones en Google «reducción de estómago», solo aparecen miles de resultados de clínicas privadas y de páginas de medicina enumerando los beneficios de esta intervención.

He leído detenidamente muchas de estas páginas de internet y todas mienten. Nos engañan. Hablan de «intervención», que queda mucho mejor que «mutilación». Sé que mienten porque conozco a muchas personas que están sufriendo las consecuencias sin ningún reconocimiento por parte de la sociedad, de la comunidad médica e incluso de ellas mismas, que se resisten a reconocer que han sido engañadas. Es tanta la desinformación que hay que a menudo me encuentro con personas operadas que aseguran que a ellas no les pasa nada, que les ha ido muy bien. Pero cuando empiezo a enumerar los síntomas, los reconocen todos como propios.

A estas operaciones se les llama cirugías bariátricas, pero decir eso es como no decir nada. El significado de bariatría según la Real Academia Española (RAE) es: «Rama de la medicina que se ocupa del estudio y el tratamiento de la obesidad». También se le llama «bypass» que, según el diccionario de la RAE, significa algo así como: desviación para salvarse de algo, por ejemplo, de un obstáculo. ¿El estómago es un obstáculo en el objetivo de adelgazar? ¡Si el estómago es un problema, pues quitamos el estómago!

Si el final del chiste no fuese una mutilación, nos reiríamos juntas de esta ecuación absurda. Pero no tiene gracia, el bypass empeora nuestra vida de forma radical, reduce nuestra esperanza de vida y nos conduce a la enfermedad. Ninguna persona mejora su salud después de algo así.

Esta intervención no solo se realiza en clínicas de cirugía estética, se practica diariamente en quirófanos públicos y privados, en hospitales con unidades especiales diseñadas para que las personas gordas adelgacemos. Esta operación es una de las diez intervenciones con más lista de espera de este país. Financiamos con dinero público la realización de miles de operaciones en las que se nos amputa una parte de nuestros órganos y nos parece bien porque le tenemos más miedo a engordar que a estar enfermas.

Con mi lengua juego con el hilo con el que el dentista ha cosido mi encía. Rozo también una pequeña llaga que me está saliendo. Desde que me operé me salen llagas en la boca cuando tomo algún tipo de medicamento antiinflamatorio. Ni ibuprofeno ni Enantyum ni nada que se le parezca. Llevo años soportando los dolores sin tomar ninguna pastilla, porque mi estómago no lo aguanta.

Antes me preguntaba quién podía querer a una persona gorda, ahora me pregunto quién puede querer a una persona sin pelo, sin dientes, que tiene llagas en la boca y que vomita a diario.

3
CUERPO

> Los niños gordos despiertan ternura, los adolescentes repugnan.
>
> Enrique Aparicio

Pasé mucho tiempo sintiéndome atrapada en mi cuerpo, sintiendo que no había opciones para mí, que mi cuerpo era mi cárcel y que, por culpa de mi cuerpo, estaba perdiendo mi vida. Por eso tengo miedo a quedarme atrapada en los sitios, a permanecer en lugares de los que no puedo salir, a iniciar proyectos de los que no me puedo ir o a empezar relaciones que no puedo cortar. Esta sensación de vivir atrapada ha generado en mí un estado de alerta. Necesito saber que las cosas pueden cambiar, que siempre hay una alternativa, que siempre hay otra opción. Saber dónde está la puerta de emergencia me calma, organizo mi vida para que la huida sea posible.

Algunas personas se operan porque quieren adelgazar para estar guapas, ser más atractivas, pero muchas de nosotras entramos al quirófano porque es la única opción para acabar con la angustia y el sufrimiento. Desde el principio intuía que la operación tendría muchas más consecuencias en mi vida de las que me contaban, pero no llegué a comprender la magnitud de la decisión que estaba tomando y, sobre todo, sentía que no tenía nada que perder. Es muy difícil vivir en un cuerpo que engorda cada día más, y lo hace más difícil todavía que todo el mundo te diga que la solución es fácil: «Es muy sencillo, solo tienes que comer menos y hacer deporte».

Adelgazar se convirtió en un objetivo imposible para mí, y mi madre lo entendió pronto. Así que hizo todo lo posible por ayudarme a alcanzarlo. Nunca me culpó ni me responsabilizó de tener el cuerpo que tenía. Gracias a eso yo no me culpo por todo lo que le he hecho a mi cuerpo. Ella observaba en silencio mi sufrimiento, me veía engordar, pero también me veía probar nuevas dietas una y otra vez. Veía mi cara de angustia yendo a entrenar y el miedo que me daba pesarme cada vez que tocaba. También se encontraba papeles de chocolatinas escondidos en mi ropa y en mi habitación. Aprendí pronto a esconder las pruebas de mi falta de voluntad. Llegó un punto en que comer por placer se convirtió en un delito grave.

Mi madre nunca me dijo nada sobre los restos que iba encontrando, porque siempre fue consciente de mi dolor. Ella quería tanto como yo que ese sufrimiento acabara. Y sabía que yo sola no podía. Sabía que las dietas no funcionaban y también sabía que me había rendido. Por eso se fue al banco y pidió un crédito de 14 mil euros con el que pagamos una operación de cirugía bariátrica. La mayoría de ese dinero lo entregamos en un sobre en un despacho de un antiguo hospital privado que recordaba a un cuartel militar. En el momento en el que me operé había una lista de espera de dos años en la sanidad pública. Y mi madre sabía que no iba a aguantar tanta tristeza, tanto tiempo.

Nunca le conté cómo me sentía y aun así ella lo sabía todo. Observaba en silencio cómo me consumía por dentro y cómo crecía por fuera. No decía nada, porque veía también el terror que me daba ponerle palabras. Por eso callaba, prefirió ser cómplice antes que exponerme.

El silencio me protegió hasta que dejó de hacerlo. Creíamos que el silencio nos protegía y en realidad nos estaba asfixiando. Así que un día mi madre se sentó conmigo y me dijo: «Confía en mí». Me propuso cortar mi estómago y mi intestino en dos. Esa tarde decidimos juntas mutilar dos tercios de mi estómago, la primera parte de mi intestino delgado y unirlos para reducir mi capacidad de ingerir alimentos y así conseguir que dejara de hacer lo que me estaba haciendo sufrir: comer.

Mi madre terminó de pagar el crédito hace unos cuantos años. Nunca hemos tenido dinero: no salíamos a cenar, no hacíamos grandes viajes y no comprábamos ropa nueva. Pero en dos meses consiguió catorce mil euros para salvarme la vida.

Ella me lo propuso porque yo me había rendido y porque nada de lo que habíamos intentado antes había funcionado. Fueron muchos años de dietas y fracasos. Yo sabía que nunca lograría adelgazar por mí misma y, cuando acepté esto, dejé de salir de casa y de ver a mis amigas. Me encerré en mi habitación y empecé a poner excusas para todo. Cuando tienes diecinueve años y pesas 130 kilos, salir a la calle da mucho miedo.

Me daba miedo ir caminando y que me insultaran. Aprendí a ser una sombra, a pegarme a las paredes y a esconderme detrás de los coches. Cuando un grupo de chicos pasaba a mi lado, yo me preparaba para lo que seguro sucedería a continuación: *PUTA GORDA, VACA ASQUEROSA, CERDA DE MIERDA*. No siempre pasaba, pero eran más veces las que sí que las que no. Y, aunque me librara, el vértigo era el mismo. El miedo iba ocupando cada vez más espacio dentro de mi cuerpo.

Prefería que me pasara cuando estaba sola que con gente. Me daba pánico que sucediese yendo con mis amigas. Cuando me insultaban por la calle e iba con ellas, todas hacíamos como si no lo hubiéramos escuchado. La gente de alrededor también. El insulto me dejaba congelada, responder no era una opción, solo hubiera servido para exponerme aún más. Quedarme callada con la sonrisa congelada era lo más parecido a ser invisible, que es lo que en realidad deseaba. Aprendí a hacerme la tonta, la sorda, a fingir que no me enteraba. Cuando alguien me insultaba, yo sonreía tímida y decía: «¿Qué ha dicho? No lo he escuchado bien... ¿Qué?». Y mis amigas me contestaban, quitándole importancia: «Nada, nada...».

Hacerme la tonta para salvarme, jugar a la ignorancia para no tener que hacerme cargo, fingir que no pasaba nada cuando se me estaba inundando el cuerpo de pena. Cada insulto se quedaba dentro de mí durante días, incluso semanas. Lo repetía en mi cabeza sin parar. Estaba en casa viendo la televisión y aparecía: GORDA DE MIERDA. Me metía en la ducha y sonaba en mi cabeza: GORDA DE MIERDA. Aún hoy recuerdo muchos de esos insultos, dónde estaba, con quién. Cada una de esas palabras me recordaba que yo no valía nada.

Creía que tenían razón y por eso me escondía. Pensaba que de verdad era el monstruo que decían que era, y que era la culpable de haberme convertido en ese ser horrible. Si a mí me daba vergüenza estar conmigo, ¿cómo no le iba a dar vergüenza a la gente que estaba a mi alrededor? ¿Quién podía querer a alguien como yo a su lado?

El bypass tenía un objetivo: adelgazar. Aunque al principio pareció que funcionaba, en realidad no lo hizo. No funcionó y no funciona la mayoría de las veces, porque las víctimas de este tipo de cirugía engordamos después de los primeros años. Estas operaciones están pensadas para que comamos menos. Nada más. Si sola no puedes parar de comer, te quitamos el estómago y así nos aseguramos de que no entre nada. Si mi cabeza no podía controlar a mi cuerpo, sería mi cuerpo el que controlara a mi cabeza. Un plan sin fisuras. Y, sin embargo, a pesar de todo, nunca he sido delgada.

Cuando mi madre me propuso operarme, le dije que sí porque ya no tenía nada que perder y porque hacía meses que me había rendido. Rendirse es una opción cuando sabes que no vas a poder ganar más batallas. Habían sido demasiados intentos y demasiados fracasos. No me rendía por vaga o por perezosa, me rendía porque cuando sabes que no puedes ganar, no tiene sentido pelear.

La mutilación me permitió dejar de sufrir. Consiguió lo único que necesitaba: dejar de engordar. En cuanto dejé de engordar empecé a vivir. No conseguí la delgadez, pero sí dejé de engordar. Al menos durante el tiempo suficiente para sentirme digna de vivir.

Aun así, si me preguntan si lo volvería hacer, tengo claro que mi respuesta es NO. Si pudiera volver atrás, no me operaría, no sometería a mi cuerpo a esa violencia, no lo condenaría a vivir enfermo toda la vida. Ahora sé cosas que antes no sabía. Sé que es posible vivir siendo gorda, que no tiene nada de malo ser gorda ni engordar, también sé que no se puede controlar el cuerpo y que no es culpa mía que mi cuerpo cambie en función de las cosas que me van pasando. Sé que, si el mundo no está preparado para que vivan en él las personas gordas, tenemos que cambiar el mundo, no a las personas. Tenemos que acabar con la gordofobia, no con las personas gordas. Ojalá hubiéramos sabido todo esto el día que mi madre se sentó conmigo en ese sofá y me propuso operarme.

Paradójicamente, ahora que puedo y quiero vivir, mi cuerpo está empezando a fallar. Esa decisión que me dio la vida, hoy me la está quitando aceleradamente. No me voy a morir mañana, pero mi cuerpo enferma cada vez más rápido, siento cómo se consume, noto mis órganos envejecidos, el cansancio de haber soportado mucho. La esperanza de vida de las personas con cirugía bariátrica disminuye con el primer corte del bisturí.

Sé que he dicho que la operación me salvó la vida, pero en rigor no es cierto. Me salvó la vida mi madre, que no se rindió cuando lo hice yo y que decidió arriesgarlo todo para seguir agarrando mi brazo.

4
VÓMITO

> Hay una yo que vive y hay otra yo que se traga el dolor. Una yo que hace fino el dolor para que quepa por cualquier agujero.
>
> Aida González Rossi

Después de la mutilación volví a la universidad como si no hubiera pasado nada. Decidí no contárselo a nadie. Me sentaba en el césped con mi nuevo grupo de amigas y, mientras ellas abrían sus túpers preparados de casa, yo me comía un yogur o un flan. Algo blando que no hiciera falta masticar.

Siempre he odiado este tipo de postres. Desde pequeña me han dado asco las gelatinas, natillas y cuajadas, esa textura viscosa y blanda me producía un rechazo total, pero esos alimentos eran lo único que podía comer en aquel momento. Después de la operación no puedes ingerir nada sólido hasta pasadas seis semanas.

En casa, mi madre cocinaba y luego me batía las comidas. También me pinchaba heparina en la tripa, me curaba las heridas y me echaba cremas para evitar la flacidez. Aceite de almendras, unas gotas de rosa mosqueta en la crema reafirmante, masajes circulares en la tripa y los brazos. Nada sirvió. Si pierdes 70 kilos de golpe, toda tu piel cuelga.

Me acuerdo perfectamente de lo primero que mastiqué después de la operación. Me había pasado un mes encerrada en casa viendo *Naruto* y *A dos metros bajo tierra* mientras me alimentaba de zumos y purés. En la uni mentí para explicar mi ausencia mientras me operaba, dije que me había surgido un viaje familiar. Todo el mundo se alegró de verme y me repitieron varias veces lo delgada y guapa que estaba. Al salir de clase, mis compañeras propusieron cambiar un poco y salir de la facultad a comernos una pizza en el PizzaHut que estaba al lado. Mi primer bocado fue un trozo de pizza barbacoa con los bordes rellenos de queso. El doctor nos había dado indicaciones claras: «No puede comer sólido hasta después de un mes y medio». Ya había pasado un mes y pensé: «¿Qué puede pasar?». Sabía que estaba incumpliendo las indicaciones médicas, pero no pude controlarme ante ese triángulo lleno de salsa y queso. Pensé que si masticaba mucho el bocado, podría convertirlo en un puré, y funcionó. Mastiqué sin parar, lentamente, mordisco-saliva-lengua-saliva-tragar. No lo disfruté. Estaba preocupada porque me sentara bien, porque mi estómago no lo rechazara, por masticar lo suficiente y porque nadie notara nada raro al verme comer.

Con esa porción de pizza empezó una nueva forma de comer que me acompaña hasta el día de hoy. Cuando meto algo de comida en mi boca, empiezo a masticar y no trago hasta asegurarme de que es una papilla apta para llegar a mi estómago. Trituro y deshago casi cualquier comida intentando que no se atasque y que la pequeña bolsa a la que he reducido mi estómago no lo rechace. Si no lo hago así, vomito.

Es habitual que a las personas con bypass se nos quede comida atascada en la boca del estómago cuando comemos. Cuando esto pasa, sientes una presión muy fuerte en el centro del pecho, te duelen las costillas, notas la bola de comida atrapada en tu esófago, queriendo bajar, te esfuerzas en respirar profundo y en tragar saliva para ayudar al movimiento, pero no se mueve. A veces masajeo la zona del esternón intentando que se mueva, pero tampoco funciona. La comida puede quedarse ahí durante horas, así que la única solución cuando esto pasa es meterse los dedos y forzarse a vomitar.

Los primeros años vomitaba sin parar; ahora hay algunos días que consigo no hacerlo. La clave está en masticar. O al menos eso es lo que te dice el médico. Masticar, masticar, masticar, masticar, masticar, masticar. He hecho el cálculo de cuántas veces tengo que masticar para digerir un bocadillo. Y una ensalada. De cuántas veces se mastican unas lentejas. Masticar no es masticar, es aguantar, es controlar lo que comes cuando está en la boca antes que disfrutar del sabor. Mientras mastico estoy pendiente de generar saliva suficiente para ayudar a convertir ese bocadillo en un puré, una masa viscosa que consiga entrar a mi estómago.

Cuando estoy tranquila y tengo tiempo, consigo comer, pero son pocas las veces que tengo la calma suficiente para concentrarme tanto. Me digo: «mastica, mastica, no tengas prisa». Pero si, de repente, la conversación en la que estoy se vuelve interesante, me despisto y trago antes de haber masticado lo suficiente, la comida se me atasca y tengo que ir al baño a vomitarla. Si me voy de viaje con gente, siempre vomito, tantos estímulos diferentes, emociones y formas nuevas de comer me impiden concentrarme lo suficiente para triturar bien la comida.

Yo quería dejar de preocuparme por la comida y aquí estoy, contando bocados. Contar bocados es muy aburrido. Muchas veces prefiero pasar hambre antes que comer y vomitar. Además, si me bebo un café, el hambre se calma, y eso es mejor que la bilis.

Puedo vomitar rápido y sin dejar rastro. No es fácil, pero han sido muchos años de entrenamiento. Odio vomitar, y aunque cada vez lo hago menos, no he conseguido dejar de hacerlo.

No es agradable estar al lado de alguien que vomita a menudo. Vomitar es un verbo que huele. Te deja su olor en las manos y en la boca, deja olor en el baño, deja un rastro. No es fácil hacerlo sin que nadie se entere. El sonido de las arcadas es muy concreto. Una de las cosas que más me preocupa de vomitar es que me escuchen quienes están a mi lado. Me imagino a la gente en la mesa charlando tranquilamente y escuchando el sonido hueco que sale del baño. Cada vez que voy a un baño que no es el de mi casa abro el grifo del lavabo y de la ducha para amortiguar el ruido del estómago abriéndose paso por la boca. Cuando salgo, siempre me pregunto si me habrán escuchado, si se habrán dado cuenta de lo que acabo de pasar. En esos momentos pienso que a veces el silencio ayuda.

Cuando acabo de vomitar, me limpio bien para ocultar las manchas y el olor. Me da vergüenza que me acompañe el olor a vómito. Pienso que una mujer como yo no debería oler a vómito, no sé a qué debería oler, pero sé que no es a bilis ni a ácido. Me lavo las manos y me lavo la boca, pero a veces tengo que levantarme hasta tres veces a vomitar en una noche. Hay noches malas en las que, por más que lo intento, no funciona y todo huele a vómito y siento cómo el resto me huele, y si no lo huelen da igual, porque yo ya llevo el olor por dentro.

Mi cuerpo tiene memoria. Yo puedo olvidarme de lo vivido, pero él no. Por eso cada vez que entro al baño de un bar o de un restaurante me dan arcadas. He vomitado tantas veces en baños públicos que en cuanto los huelo me dan ganas de vomitar. No huele igual el baño de una casa que el baño de un bar. Es en estos últimos donde tengo que controlarme al entrar, porque con el simple olor mi cuerpo ya sabe lo que tiene que hacer.

He vomitado tanto que he aprendido a tragarme mi propio vómito. Puedo cerrar mi boca cuando el vómito sube por la tráquea y volver a tragármelo. Es asqueroso, pero estoy acostumbrada. Soy como una cucaracha que puede aguantar semanas sin comer ningún tipo de alimento y que, si hace falta, se puede comer sus propios excrementos.

Esto nadie me lo contó cuando fui de consulta en consulta, y nadie lo cuenta todavía. Por eso os lo estoy contando yo. Nunca pensé que escribiría sobre vomitar y perder el pelo y los dientes. No es eso lo que deseaba para mí, no es este el libro que quería escribir, pero hace tiempo leí en una novela de Sara Torres que «escribir es abrir una conversación», y pienso que necesito hablar con alguien sobre esto.

Sé que esta no es una conversación fácil, veo la cara de la gente cuando describo cómo se corta cada parte de mis órganos y se vuelven a unir. Me miran con pena y horror cuando empiezo a relatar las consecuencias de mi mutilación. Y los comprendo. Sé que es horrible, por eso escribo, para espantar el terror que envuelve todo esto.

5
DESHIDRATACIÓN

> Bajarás de peso —mucho— una vez. Será tu apocalipsis y tendrás un muerto adentro, pudriéndose, que te impedirá ingerir comida. La gente te dirá que estás guapísima.
>
> María Fernanda Ampuero

Una de las consecuencias a medio plazo del bypass es la deshidratación. La primera vez que supe lo que era la deshidratación fue hace ocho años en un autobús nocturno que iba desde la Ciudad de México hasta Guadalajara en un viaje de unas ocho horas. El dinero de la beca con el que llegué a México a estudiar era muy poco, por lo que cogí uno de esos autobuses baratos que salen por la noche desde las calles paralelas a la terminal. En el trayecto empecé a encontrarme mal y tuve que ir al baño diminuto y asqueroso que hay al final de los autobuses de largo trayecto. Pronto dejé de contar las idas y venidas hasta que hubo un momento en el que no pude levantarme de la taza. Me quedé sentada, desvaneciéndome. No tuve fuerzas para asustarme. Fue tan rápido que no me di cuenta de lo que pasaba. Ni siquiera me desmayé, simplemente mis músculos dejaron de responder y me quedé inconsciente.

Una mujer que estaba cerca del baño se acercó y me avisó de que me estaba deshidratando, le pedí ayuda y ella se encargó de parar el autobús en medio de la nada y pedir una ambulancia de carretera. Tardé cuatro horas en deshidratarme. Esta fue la primera vez que sentí la deshidratación, pero luego vinieron muchas más.

Recuerdo una vez de madrugada que, al levantarme de la taza del baño me desmayé y caí al suelo. Mi compañero de piso se despertó con el ruido que hizo mi cuerpo. También me desmayé en la cola de un camping y enfrente de la frutería que había debajo de mi casa. Cada vez me deshidrato más rápido, la última vez fue cuestión de horas, el tiempo suficiente para que me diera tiempo a llamar a mi amiga y pedirle que me llevara al centro de salud de urgencias. No te das cuenta de que estás deshidratada si no lo has vivido antes, pero siempre es lo mismo: pinchazos en las piernas, calambres, temblores y los labios cuarteándose.

Si llegas a cierto grado de deshidratación, el agua no sirve para nada, deben inyectarte suero y tienes que comer mucho para restablecer tu cuerpo. Pero, claro, es difícil comer mucho cuando tu estómago es del tamaño de una bola de ping pong. Pido comida a domicilio. Sopas llenas de glutamato, de sales y azúcares, tallarines y arroces. Tengo siempre bebidas energéticas en la nevera y llevo paquetes de suero soluble en el bolso. Cuantas más veces te deshidratas, más rápido sucede la siguiente vez. O al menos esta es mi sensación. Se están reduciendo las horas en las que mi cuerpo se descompone, por eso voy preparada.

La deshidratación es una de las consecuencias de la operación que más miedo me da, porque cuando ocurre no sabes qué está pasando hasta que ya no hay agua suficiente para recuperarte. Empieza a dolerte el cuerpo como si te retorcieran cada músculo, te desorientas y tiemblas, no puedes tenerte en pie, tus piernas y brazos empiezan a fallar, tu garganta y tus labios se secan y vas perdiendo la voz. Sientes pinchazos punzantes en las piernas, pero no tienes sed. No es fácil identificar los síntomas con lo que te está pasando.

6

RUIDO

> Vas a ser gorda. No vas a estar gorda: vas a serlo. Nada servirá. Ninguna dieta. Ninguna pastilla. Ninguna hipnosis. Ninguna inyección. Ninguna acupuntura. Ningún laxante. Ningún supresor de apetito. Ninguna crema reductora. Ni bailar horas hasta caer rendida. Ninguna nutricionista. Ni caminar hasta reventarte los pies. Ningún diurético. Ningún batido. Ni comer durante un año entero pechuga hervida y brócoli.
>
> María Fernanda Ampuero

La mutilación cambió mi cuerpo por fuera, pero también por dentro. Mi nuevo estómago empezó a sonar. De mi tripa salían ruidos extraños a cada rato, como un pozo desde el que alguien gritara pidiendo ayuda. Al principio los sonidos eran como gritos de terror. Eran rugidos de rabia, parecía que mi estómago lloraba. No siempre sonaba igual, otras veces parecía un ruido de engranajes, puertas que se abren y cierran, motores arrancando. En ocasiones era más un ronroneo y a veces parecía que se hubiera cerrado mal el grifo del baño y goteara.

Toda una colección de sonidos con una característica común: eran incontrolables y no los podía ocultar. Eran más fuertes al acabar de comer, como si mi cuerpo quisiera hacerle saber a todo el mundo lo que estaba pasando. Como si mi estómago se quejara del esfuerzo que tenía que hacer para digerir esa comida.

Durante los primeros años inventé mil excusas para explicar por qué mi estómago gritaba sin parar. Al principio sentía mucha vergüenza, a mi estómago no le importaba quién estuviera delante ni lo que estábamos haciendo. Es incómodo cuando estás en el cine o cuando estás en la cama con alguien, pero no me parecía un motivo para quejarme.

El volumen fue bajando paulatinamente con los años y hoy los sonidos son más suaves, como los quejidos de una anciana al levantarse del sofá. Cuando los escucho, entiendo que mi cuerpo se está haciendo viejo por dentro, que está cansado de gritar y enfadarse conmigo. También sé que esos sonidos son una advertencia, un recordatorio de que no tengo un cuerpo normal, como una sombra que me acompaña y le dice al mundo que soy gorda y que nada de lo que he intentado hacer para dejar de serlo ha funcionado. Cuando eres gorda lo eres hasta el final, hagas lo que hagas para evitarlo.

Otro efecto secundario de arrancarte una parte del estómago es que empiezas a tener mucho frío. La mayoría de nosotras dejamos de regular bien la temperatura y no somos capaces de entrar en calor. El motivo es que no consumimos las calorías suficientes para que el cuerpo se regule térmicamente. Antes de operarme no necesitaba nada más que un abrigo fino para salir a la calle en invierno. Después de la operación tuve que comprarme mucha ropa térmica, edredones nórdicos y radiadores eléctricos. El frío, como el ruido, son causados por la desnutrición, y es imposible calmarlos porque están dentro de ti.

Vivir con frío es vivir en alerta, con tus músculos en tensión. El frío ocupa un espacio en tu cabeza, invade tus pensamientos. Cuando lo tienes dentro sabes que no descansarás hasta que llegue el calor. El problema es que para entrar en calor hay que comer.

7

SÍNDROME DE DUMPING

> Me equivoqué en una sola cosa: todas las desgracias que imaginaba y temía no llegaban ni a la centésima parte de la angustia que el destino me tenía *reservada*.
>
> MARY SHELLEY

A veces, cuando algo nos produce daño o dolor, el cuerpo lo acaba rechazando de manera natural e inconsciente. Después de operarme me mareaba al terminar algunas comidas. Empezaba a sudar, perdía las fuerzas y un calor inmenso recorría mi cuerpo. Con los años, esas comidas que antes me encantaban han pasado a darme asco.

Esto, que antes me pasaba continuamente y aún hoy me sucede de vez en cuando, se llama síndrome de dumping y es algo bastante habitual en personas que han pasado por cirugía bariátrica. También se conoce como síndrome de vaciamiento gástrico rápido y se produce porque la comida pasa muy deprisa del estómago al intestino. Cuando nos cortan una parte del estómago, quitan también el píloro, que es la válvula de seguridad que hay al final del estómago que impide que el contenido del mismo se vacíe directamente en el intestino. Al quitarlo, se modifica también el recorrido de los alimentos por nuestro aparato digestivo.

El vaciamiento gástrico rápido suele ocurrir pasados unos minutos después de comer. Los alimentos llegan antes de tiempo al intestino delgado y los nutrientes se absorben de manera acelerada. Sucede sobre todo con los hidratos de carbono, pero a mí me ha pasado con muchas comidas diferentes. Esta anomalía hace que empecemos a marearnos, a sudar, nos acaloramos y parece que nos vamos a desmayar. A veces, además, nos da diarrea, dolor de tripa y taquicardia. Es una sensación muy angustiosa que invade todo el cuerpo y que se repite tanto que muchas personas dejamos de comer para evitarlo. A mí me ocurrió, fui dejando de comer alimentos que antes me encantaban por miedo a que sucediera.

Descubrí hace poco que en algunas de las páginas de internet en las que se anuncian intervenciones como la que me realizaron a mí venden este síndrome como una oportunidad para comer menos. Las clínicas y las personas «profesionales» que hacen este tipo de intervenciones explican que estos síntomas son buenos para nosotras, ya que reducen nuestro apetito. Este es un ejemplo de una de ellas:

Por qué el síndrome de dumping es un beneficio

Si recuerdas al perro de Pavlov (condicionamiento clásico o pavloviano), seguramente sabrás que el perro salivaba cada vez que veía su comida y, de hecho, el perro empezó a asociar a Pavlov con la comida. Por ende, cada vez que lo veía, salivaba. Estas asociaciones ocurren igualmente con el síndrome de dumping. Es exactamente el mismo experimento, pero con un refuerzo negativo.

Una vez que combates el síndrome de dumping por primera vez, tu cuerpo desarrolla una aversión extrema a los alimentos azucarados y ricos en carbohidratos. Como guía, tu cerebro envía la orden de advertencia a tu cuerpo de no comer dulces.

Para aquellas personas que han luchado toda su vida con la obesidad, este recordatorio y refuerzo negativo las ayuda a controlar el consumo de alimentos y reemplazarlos por alimentos naturales y saludables.[1]

Hablan de nosotras como si no tuviéramos autonomía ni voluntad. Hablan de nosotras como se habla de les niñes, los animales o las personas mayores. Como si tuviéramos que ser castigadas para aprender. Como seres salvajes, dominados por sus impulsos, a los que hay que domesticar. Si sufrimos, aprenderemos. La violencia hacia nuestros cuerpos se permite bajo la idea de que somos débiles, de que no somos capaces de vivir nuestras vidas y alguien tiene que enseñarnos (y obligarnos) a comportarnos.

No me importa que me identifiquen con niñes o animales. No me ofende. Me gusta habitar un cuerpo indomable y salvaje al que han intentado doblegar de muchas maneras y con el que ninguna ha funcionado. El problema no es tener

---

[1] https://cirugiasesteticas.org/manga-gastrica-vs-bypass-gastrico/

un cuerpo descontrolado y desbordante, sino vivir en un mundo que usa la superioridad moral para dominarnos. Un mundo que, en vez de aceptar la diversidad, prefiere matarnos de hambre. Un mundo que nos odia tanto que disfruta viéndonos sufrir.

Al principio me empeñé en aprender a comer para evitar las consecuencias, y si vomitaba pensaba que era por mi culpa: no había masticado bien. Si tenía diarrea, también era por mi responsabilidad: había comido algo que no debía. Pensaba que la causa de mis problemas para comer era que no tenía la suficiente disciplina y cuidado para hacerlo bien, no el hecho de que me faltara la mayoría del estómago y una parte del intestino.

En mis intentos por prevenir el vaciamiento gástrico, he buscado consejos muchas veces y la respuesta siempre es la misma:

- No comer alimentos altos en azúcar, como dulces, pasteles y refrescos. Ni sustitutos del azúcar.
- No comer carbohidratos simples como pan y pasta.
- No beber alcohol.
- No consumir productos lácteos.
- Comer productos integrales.
- No comer grasas.
- Comer porciones pequeñas.
- No beber líquidos durante las comidas.
- Masticar por completo la comida.

Estas pautas son idénticas a cualquier dieta. Si hubiera sabido que operarme iba a significar vivir a dieta toda mi vida, no lo hubiera hecho. Quienes nos operamos ya hemos hecho muchas dietas antes y optamos por ese método radical para acabar con nuestro sufrimiento, no para hacerlo crónico.

8
MIEDO

> Ten cuidado; pues no conozco el miedo y soy, por tanto, poderoso.
>
> Mary Shelley

Vuelvo a mirar hacia atrás y me veo tumbada en la habitación del hospital. Es oscura y en ella están mi madre y mi padre. Llevan seis años divorciados y para cada uno esta operación tiene significados diferentes. Mi madre ha pedido un crédito para poder pagarla. Mi padre no está de acuerdo con que lo haga, dice que si me esforzara podría adelgazar sola; sin embargo, sigue con atención cada paso. Él también es gordo, pero este dato parece no ser importante.

En unos minutos vendrán a buscarme para llevarme al quirófano. Allí, el doctor realizará una operación que durará entre cinco y seis horas. Durante este tiempo cortarán mi estómago y mi intestino para reducir la cantidad de comida que cabe en ellos, para que comer deje de ser un problema.

Tanto mi madre como yo creemos que entrar al quirófano es la única opción. No puedo parar de engordar. Tengo diecinueve años y cada día me levanto con la angustia de ver cómo mi cuerpo crece y no poder hacer nada. Cada noche me acuesto deseando despertarme delgada, y cada día me levanto sabiendo que he engordado un poco más.

Ha llegado un momento en el que el descontrol es tan grande que ya no deseo adelgazar, solo parar de engordar. No es tanto pedir. Puedo asumir que viviré toda mi vida gorda, pero no puedo asumir la idea de que voy a seguir engordando hasta convertirme en una de esas personas que salen en los programas de televisión, que no se pueden levantar por sí mismas y tienen que moverse con máquinas especiales. Ya soy eso. Me he convertido en eso de lo que llevo huyendo años. No es un miedo irreal, veo cómo transcurren los días y cada vez estoy más cerca. Casi no me vale la talla especial para tallas grandes y no quepo en los asientos del metro. No es que tenga miedo, es que estoy aterrada y paralizada. No sé qué hacer para frenar esto, porque no sé cómo he llegado hasta aquí. ¿En qué momento algo cambió y empecé a convertirme en esto? Noto el miedo de la gente cuando me ve, el horror que les produce mi cuerpo, piensan que voy a explotar. «¿Qué habrá hecho su madre mal para que esta niña haya acabado así?», pienso que piensan. Les doy pena, les doy asco. También sienten alivio: no son como yo, sus hijas no son como yo.

Estas emociones y pensamientos que me invadían eran pura gordofobia interiorizada, en esa época era inconcebible pensar en una persona gorda de una forma que no fuera monstruosa. Aunque ya no están en mí, reconozco el daño que me hicieron.

La mayoría de estos miedos desaparecieron después de operarme. Durante los primeros años pensé que las únicas consecuencias que tendría serían el hambre y los vómitos, y en ese momento me siguió pareciendo un buen precio a pagar. Luego se fueron sumando otros, y los acepté igual: diarrea, náuseas, mareos, caída del pelo y todo lo demás.

Nada de esto me asustó al principio, tampoco lo pensé mucho, fui cambiando mi forma de comer, mi forma de vestir. Me adapté a cada cambio porque por fin tenía el cuerpo que quería, o al menos uno que se le parecía bastante, y eso era lo único importante.

De unos años a esta parte he empezado a sentir otro miedo: el miedo a la muerte y la enfermedad. A veces imagino las diferentes formas de las que podría morir. Fantaseo con la muerte que me tocará. Tuve miedo a morir por primera vez cuando empezaron las fiebres y los desmayos. Llevo cuatro años haciéndome pruebas y nadie comprende qué me pasa, pero saben que todo está relacionado con mi estómago.

Tengo miedo de que un día mi estómago deje de funcionar, de que explote. Me da miedo que el déficit de vitaminas esté afectando al resto de mis órganos, me asusta que la falta de vitamina B12 dañe mi sistema nervioso y que la falta de hierro tenga consecuencias irreversibles. Me preocupa que la cicatriz del interior de mi estómago se endurezca o se inflame y que haya algo fallando dentro de mí y no me esté enterando. Me da miedo vivir inflamada. Mis análisis suelen apuntar altos índices de inflamación y me da miedo que esto se deba al sobreesfuerzo que hacen mis órganos para funcionar. Leo estudios que relacionan la inflamación con el cáncer y compro alimentos con poderes antiinflamatorios —arándanos, té verde, nueces, espinacas— que sé que no puedo comer porque mi estómago no los digiere. Aun así los compro, me los como y los vomito.

Me da miedo que esté fallando el resto de mis órganos por compensar la disfuncionalidad de mi aparato digestivo. Me da miedo leer esos artículos sobre el intestino delgado en los que se cuenta que nuestra salud mental depende de él. Si el intestino es el segundo cerebro, a mí me falta la mitad. He leído que las hormonas encargadas de la felicidad se encuentran también en el intestino, que nuestra dopamina y serotonina dependen de ese órgano kilométrico donde la probiota hace su magia para que todo vaya bien. No sé si es verdad o es una nueva forma de incitarnos a controlar y medir lo que comemos. Sea como sea, me da mucho miedo que mi intestino haya perdido el 40% de su capacidad de funcionamiento. Tampoco sé cómo voy a envejecer sin comer fruta ni verdura.

Me da miedo dejar de comer, porque comer se me hace cada vez más difícil, y me da miedo engordar. Dejé de adelgazar poco después de haberme operado y empecé a engordar de nuevo hace seis años.

De lo que ya no tengo miedo es de ser gorda. Es lo que soy y la verdad es que ya hasta me gusta. Ser gorda significa pertenecer a mi familia, significa llevar en mi cuerpo toda la historia del hambre y la violencia, significa no haberlo tenido fácil y significa resistir. Significa calor e identidad. Mi gordura no me da ningún miedo, pero sí me da miedo engordar sin entender por qué. ¿Cómo es posible que mi cuerpo siga engordando si apenas puedo comer? Me da miedo no tener una respuesta a esta pregunta.

Me da miedo la cara de la gente cuando nota que he subido de peso. Mi cuerpo tiene memoria y cada vez que engordo pienso en mi abuelo, en mi tía, en mi yaya y en la cara de susto que se les pone cuando me ven. Eso es lo que me aterra: volver a sentir esa sensación de impotencia y descontrol.

Me da miedo perder los dientes, acabar llena de implantes y prótesis con cuarenta años. Me da miedo que mi colon empiece a fallar y no poder ir al baño. Tener que vivir con una bolsa llena de mierda colgando. Me da miedo morirme, sobre todo si es a consecuencia del bypass. No me he perdonado todavía la posibilidad de morirme por haber entrado a ese quirófano. Odio no haberme informado más, no haber leído lo suficiente ni preguntado a todo el mundo por las consecuencias. Odio haberme dejado llevar por el miedo a engordar antes que por el miedo a morir. Y odio que a todo el mundo le pareciera bien, que nadie se parara un segundo a pensar y me dijera: «Qué pésima idea, yo que tú no lo haría». Si alguien hubiera podido pararse a pensar, a analizar mi dolor y sus causas, seguramente me hubiera dicho: «Tranquila cariño, el problema no está en ti, tú problema es haber nacido en un lugar donde se trata mal a la gente como tú».

Ojalá me hubieran dicho que adelgazar no era la solución. Ojalá hubiera sabido entonces que la única forma de solucionar el problema de las personas gordas es acabar con la gordofobia. Porque el problema no nacía de mí y por eso la solución no estaba en mí. Ojalá me hubieran dicho que después de adelgazar iba a engordar. Ojalá me hubieran dicho que nunca es una opción mutilarse, hacerse daño a una misma, para acabar con el sufrimiento.

9

MIRADAS

> Puede ser fácil refugiarnos en el silencio cuando oímos la verdad de alguien y nos golpea en una parte profunda de nuestra humanidad, de nuestras propias vergüenzas ocultas. Nos cuesta sostener las verdades de otros porque en muy raras ocasiones hemos experimentado que sostengan nuestras propias verdades.
>
> Sonya Renee Taylor

La gente acompañó en silencio mi dolor. Aceptaron el pacto para protegerme. Ya sabíamos que era gorda y no hacía falta hablar de ello. Los primeros años todos creíamos que adelgazaría y que en algún momento cambiaría la situación. Solo han hecho falta treinta y siete para aceptar que soy gorda y que eso no va a cambiar. Ahora sí podemos empezar a hablar.

Soy muy afortunada de haber crecido en una casa amorosa y respetuosa, un hogar en el que, ante mi gordura, se optó por el silencio en vez de por el insulto y el señalamiento. No decían nada porque no querían hacerme daño. No sé si hubiera podido soportar que me recordaran que era gorda, sobre todo porque ya me lo recriminaba el resto del mundo diariamente.

En general, me sentía más segura dentro de casa que fuera. Sé que no es así para todo el mundo y querría abrazar a todas esas niñas que, después de haber sido insultadas en la calle y en el colegio, son humilladas en sus casas por sus familias. No fue mi caso. En mi casa nadie me insultaba, para mi núcleo familiar yo era muchas más cosas que una persona gorda. Yo era gorda, sí, pero no hacía falta decirlo.

El problema de silenciar mi gordura —esto lo entiendo ahora— era que, al hacerlo, también se silenciaba la violencia que estaba recibiendo. Al no hablar sobre mi peso, tampoco se podía hablar del insulto, de mi dolor de adolescente al no encontrar ropa de mi talla o de la vergüenza que me daba salir a la calle. Si alguien me hubiera preguntado cómo me sentía después de ser insultada, habría sido como reconocer que estaba gorda, como insultarme otra vez. El silencio me protegió de mi dolor, pero a la vez no me permitió salir de él.

También hubo silencio cuando empecé a adelgazar de golpe. En cuatro meses perdí 35 kilos y en un año y medio había bajado 70 kilos. Entré al quirófano con 133 kilos y dos años después pesaba 67. Hoy peso casi lo mismo que antes de operarme, pero ahora me siento a gusto en este cuerpo que me sostiene. Hoy sé que se puede vivir siendo gorda. Ojalá lo hubiéramos sabido hace diecisiete años.

La gente observaba en silencio cómo adelgazaba, también veían que no comía y que se me caía el pelo. No decían nada y yo tampoco. Pero había alegría en sus miradas. Estaban felices por mí, sabían todo lo que había sufrido y sabían que con cada kilo que adelgazaba disminuía ese dolor. Me pregunto por qué no pudimos mirar de frente a lo que me generaba tanto sufrimiento.

Siempre fui consciente de las miradas de la gente. Mi mayor deseo era que, al mirarme, vieran algo diferente a mi gordura. Por eso me empeñé en ser la mejor amiga, la mejor hija, la mejor hermana, la mejor estudiante. Dediqué mucho tiempo a compensar lo que era con lo que quería ser, intenté demostrar que la de gorda no era mi identidad. Pero nada de esto sirvió. Era la amiga gorda, la hija gorda, la hermana gorda, la estudiante gorda. La gorda.

Ya sé que no tenemos el control de lo que la gente ve cuando nos mira. Nadie, ni siquiera las personas delgadas, tiene el control de lo que la gente ve en ellas. Pero cuando eres gorda esto es diferente. Cuando eres gorda y estás delante de otra persona, tu gordura está entre medias, de hecho, está delante de ti. Mi gordura siempre es parte de cualquiera de mis relaciones, sean del tipo que sean. No puedes verme sin ver que estoy gorda. Por eso he decidido abrazar ese significado y dejar de luchar para separarme de él. Desde hace tiempo no me asustan los prejuicios que hay hacia la gente como yo. No voy a ser mi enemiga, no seré yo la que ponga ante mí una barrera de significado. Mi gordura no es ninguna frontera con las otras personas, si existe una frontera es la de sus miradas. Mi gordura soy yo, como lo son otras muchas cosas.

Creo que esto no solo me pasa a mí. De hecho, no creo que solo nos pase a las personas gordas. Son muchas las personas que tienen cuerpos cargados de significados. Pienso sobre todo en las personas racializadas y en las personas trans. Se le ha dado tanto significado a nuestro cuerpo que parece imposible separar lo que somos de ese significado. La gente no puede mirarnos sin ver primero la idea que existe sobre nosotras.

Siempre tuve y tengo presente lo que la gente ve cuando me mira. Soy experta en miradas. Lo soy porque he sido y soy mirada sin pudor, sin vergüenza, con odio, con juicio y con miedo. No hay una mirada limpia que se pose sobre mi cuerpo. Aunque no todas las miradas son iguales y con el tiempo he aprendido a apreciar las diferencias.

Por ejemplo, la preocupación tiene diferentes formas. La mirada de preocupación de mi madre siempre fue honesta, clara y compasiva. Mi madre me miraba preocupada, porque me veía a mí, y no le preocupaba mi cuerpo, sino mi sufrimiento. Era capaz de ver todo el dolor que escondía dentro. Cuando ella me miraba no veía el monstruo descontrolado que veía yo. Veía a una niña sufriendo a la que no sabía cómo ayudar. Pienso a menudo en todas esas personas, mujeres la mayoría, que acompañan a personas gordas. Están llenas de impotencia y frustración, pero se quedan ahí, sosteniendo el dolor, aunque no sepan cómo.

Mi familia también se preocupaba, pero de manera diferente. Les preocupaba lo que yo estaba haciendo o lo que debía hacer, más que lo que me pasaba. Por eso, cuando me miraban, pensaban en todo lo que yo tenía que hacer y dejar de hacer, o en lo que ellos me podían ofrecer para cambiar mi situación.

Ojalá hubieran sabido en ese momento que engordar no

dependía de mí. Nunca fue una decisión engordar. Engordar nunca es una decisión. Ninguno de mis atracones buscaba engordar. Solo eran una forma de calmarme.

La preocupación de la gente que te quiere duele más que cualquier insulto porque va de la mano de la decepción. Durante muchos años he sentido que decepcionaba a mi familia. Sentí que lo hacía cuando decidí operarme, porque operarse del estómago también significa cosas para la gente. Significa que te has rendido, que coges la vía fácil. En ese momento para mí significaba decepcionar a todo el mundo y reconocer que no estaba siendo capaz de hacer algo tan aparentemente sencillo como adelgazar. Significaba reconocer que prefería mutilar mis órganos antes que hacer algo «tan fácil» como autocontrolarme.

Saber distinguir la preocupación me ayuda mucho ahora. Es un superpoder que tengo y que me salva de situaciones de mierda. La preocupación es la máscara de la superioridad moral. La mayoría de las veces que nos preocupamos por alguien no estamos viendo a la persona por la que nos preocupamos, sino lo que queremos ver de ella y no nos permitimos decir.

Huyo de la gente que se preocupa por mí. La mayoría de las cosas que les preocupan no les preocupan en realidad. Lo normal es que la persona preocupada no le haya preguntado nada antes a la persona que le preocupa.

Pienso mucho en la preocupación porque todos los consejos que me han dado, todos los insultos y la violencia que he recibido llevaban el traje de la preocupación para ocultar el odio. Nadie reconoce el odio y el asco que tiene hacia las personas gordas, pero todo el mundo se lamenta por nuestra salud. Lo pueden camuflar como quieran, pero somos gordas, no tontas, y sabemos que no les preocupamos en absoluto.

La preocupación nace de un pensamiento propio sobre otra persona. Nos preocupa lo que creemos sobre otras personas. Por eso cuando nos preocupamos por alguien no le preguntamos cómo está o qué necesita, sino que cultivamos una serie de ideas en nuestra cabeza sobre lo que le pasa a esa persona, lo que debería hacer:

- Debería comer menos.
- Debería moverse más.
- Debería ir al psicólogo.
- Debería no comer esas guarrerías.
- Debería aprender a quererse.
- Debería tener cuidado.
- Debería controlarse un poquito.
- Debería apuntarse al gimnasio.
- Debería dejar el azúcar.
- Debería comer ensalada por las noches.
- Debería ir caminando a los sitios.
- Debería dejar de picar entre horas.
- Debería hacer ayuno intermitente.
- Debería beber agua con vinagre antes de cada comida.
- Debería cuidarse un poco más.

La mayoría de las cosas que se hacen por preocupación nacen de las creencias, miedos y juicios de la persona preocupada, no de la situación y las necesidades de la persona por la que nos preocupamos.

La preocupación es una excusa perfecta para juzgar a los demás, ponernos por encima de ellos y permitirnos ejercer violencia. A mi jefe no le preocupa mi salud ni mi bienestar, le preocupa mi productividad. A la gente no le preocupa mi gordura, le preocupa que, si yo existo, quizá se pueda vivir siendo gorda, y si las personas gordas existimos sin avergonzarnos de serlo, sin pedir permiso ni perdón, sin dar explicaciones, entonces la gordura no sería algo que estuviera mal y la delgadez algo que estuviera bien. Les preocupa engordar, les preocupa que nos parezca normal ser gordas, porque, si es así, perderían su privilegio de ser delgadas. Lo que le preocupa a la gente de la gordura es perder el privilegio de la delgadez.

Creer que la gordura es algo malo les viene muy bien a las personas delgadas, quienes, sin hacer nada mejor que el resto, habitan un mundo que dice que su cuerpo es fruto de su esfuerzo.

A las personas gordas no solo se nos mira desde la preocupación. Hay muchas maneras más. A lo largo de mi vida he sido mirada muchas veces con asco, con desprecio, con superioridad, con odio, con curiosidad, con pena, con ternura, con desconfianza... También se nos mira con anhelo, esperando algo de nosotras. Esperando cariño, humor y confianza. Esperando que cumplamos con el estereotipo de persona gorda adorable, simpática, graciosa y fácil. Sobre todo, fácil. De nosotras se espera que seamos fáciles y, si no lo somos, se nos censura.

Aprendemos lo que tenemos que hacer, cómo nos debemos comportar, a través de la mirada ajena. Y muchas aprendemos que tenemos que ponerlo fácil. Tenemos que ponerlo fácil en las relaciones, en el trabajo, en casa y en la cama. Poner las cosas fáciles significa ignorar lo que sientes y necesitas para no molestar a la otra persona. Significa aceptar que lo que eres molesta. Cuando has aprendido esto, sabes ocultar quién eres para facilitarles a las otras personas que te soporten. Aprendes a decir que sí cuando es que no, o no sé, u otra cosa que no puedes imaginar, porque no tienes ni idea de lo que quieres. Lo único que quieres es no molestar.

Nadie puede decir que las personas gordas no nos esforzamos. Nos esforzamos cada día que salimos a la calle rodeadas de miradas llenas de odio, juicio, miedo y preocupación. Nos esforzamos por hacerle fácil a la gente esa mirada, nos esforzamos porque no explote el conflicto que debería estallar. Un conflicto de clase, de raza y de cuerpo. Un conflicto que enfrentamos todas las que habitamos cuerpos que la sociedad censura y castiga bajo el disfraz de la preocupación y la moral.

He recibido más tipos de miradas a lo largo de mi vida. Por ejemplo, mi padre me miraba con placer, porque cada kilo que engordaba yo lo liberaba a él de la culpa que sentía. Cada bocado que yo daba le permitía seguir comiendo, porque había alguien a su lado que lo estaba haciendo también. Mi padre se aliviaba viéndome engordar. Si yo engordaba más que él, ya no era culpable.

Últimamente he descubierto un nuevo tipo de mirada: la del pudor. A la gente le da pudor que cuente todo esto, se asusta. Muchas personas se han acercado a mí preocupadas por el hecho de que cuente tantas cosas de mi vida personal. Hace poco, alguien que acababa de conocer me preguntó si estaba segura de querer contar esta historia desde mi propia voz, si no prefería usar una voz menos personal, menos íntima. Una voz que no se expusiera tanto. Me dijo: «¿No te da miedo contarlo?». Otra vez la preocupación.

No. Lo que me da miedo es mi historia, no contarla. La historia de mi cuerpo es una historia de terror, el miedo está conmigo cada día. Me da miedo lo que viví, me da miedo que lo vivan otras personas y me da miedo lo que vaya a pasar. No me da miedo contarlo. Puedo gritarlo tantas veces como haga falta. Sé que el mejor compañero del miedo es el silencio y sé que cuanto más grito menos tengo.

Están, también, las miradas que, por no doler, se me olvida mencionar, pero que no son menores. Mi hermano tiene doce años y cuando me mira no ve a una mujer gorda, o, si lo ve, no le importa en absoluto. Mi hermano me mira y ve una casa, un hogar. Con mi hermano es con la única persona con la que sé que mi gordura no está delante de mí en nuestra relación.

Hay muchas formas de mirar a los cuerpos gordos. Supongo que recibo miradas amables, cómplices, deseantes, admirativas. Pero, cuando has aprendido que no tienes derecho a ser mirada, es muy difícil reconocer que esto pasa. Han sido demasiados años grabando a fuego la idea de que el lugar del deseo y el amor no era para mí. En estas miradas no estoy entrenada. Pero sé que existen y están ahí. Estoy convencida de que las personas gordas somos deseables, pero no sé cómo podemos hacer para encontrar lugares de placer, si hemos aprendido que no nos está permitido.

10

OCULTARSE

> Mi existencia hasta entonces había consistido en colocar a todo el mundo una máscara para que armonizase con mi necesidad lacerante de ir oculta.
>
> Alana S. Portero

La expresión de mi rostro está cambiando. Subo el lado derecho del labio inferior hacia arriba cuando sonrío, intento tapar el agujero que ha quedado después de que me quitaran la muela. Lo hago todo el rato, lo hago cuando estoy con gente y he empezado a hacerlo también sola en casa. Llevo meses ocultando mi boca, porque no soporto pensar en tener una conversación para explicar por qué he perdido una muela. No voy a soportar las caras de pena y condescendencia, la expresión de la gente intentando ocultar el asco que da ver una boca sin dientes. No quiero ser esa persona. No quiero la pena ni los comentarios cuando me vaya. «¿Te has fijado que le falta una muela? Pobrecita, si es muy joven...».

Pienso en la gente que no tiene dientes. ¿Por qué unas personas conservan todos sus dientes y otras los vamos perdiendo? ¿Cómo pueden unos huesos tan pequeños guardar dentro de ellos tanta dignidad? ¿Qué significa no tener dientes? Significa ser pobre. Significa no cuidarse. Significa no gustar. Significa estar enferma.

Me repito que no hay nada de malo en ser vulnerable: los cuerpos enferman, es natural. Sé que no hay nada malo en ser pobre ni en tener un estómago retorcido y mutilado. Por eso me faltan dientes. Podrían habérseme caído en una pelea al recibir un puñetazo. Ojalá mis dientes hubiesen salido volando después de partirme la cara con cualquier gilipollas que me hubiera llamado gorda en el metro, pero no. He tenido que pagar para que me los quiten porque se me están deshaciendo.

Oculto el hueco entre mis dientes tapándome la boca con la mano al sonreír, me muerdo el labio inferior para que parezca un gesto natural. Oculto mi vergüenza. Intento que parezca que no oculto nada, porque si algo me da más vergüenza que enseñar mis dientes es que la gente vea que me avergüenzo.

Me he pasado mi vida ocultando la tristeza, las piernas, el deseo, la tripa, el dolor, las estrías, el amor, las ganas, el hambre, la mutilación. Antes cruzaba los brazos sobre mi estómago para ocultar mi barriga, en las fotos extendía de forma natural un brazo sobre ella y al sentarme me ponía siempre un cojín o una chaqueta encima, intentando desviar la atención. Hasta hace poco me bañaba en la piscina con bañador y camiseta para ocultar mi cuerpo. Llevaba camisetas de manga larga hasta en verano, cubría mis hombros con pañuelos y chales, y los pegaba muy fuerte al cuerpo para intentar disimular la carne abyecta de mis brazos. El calor en verano era insoportable. Me gustaba el invierno, porque podía ocultarme bajo abrigos y sudaderas.

Me escondía por dentro y por fuera. Escondía mis emociones, por ejemplo, no me enfadaba para no molestar, para no dar más motivos a la humillación, tampoco mostraba mi deseo por miedo al rechazo. A las personas gordas nos enseñan a ocultarnos, no está permitido tener carácter y ser gorda. Aprendemos que la única manera de merecernos la existencia es siendo complacientes y poniendo una bonita sonrisa.

Hace poco que he empezado a enseñar mi tripa y mis brazos. Me sigue dando vergüenza hacerlo, pero prefiero aguantar las miradas de la gente que volver a esos momentos en los que me sentía atrapada dentro de mí. Vergüenza debería sentir quien me mira creyéndose mejor. Si acepto su mirada, acepto que tiene razón y acabo mirándome yo igual. También he empezado a enfadarme. Adelgazar cambió mucho mi carácter, porque me permitió dejar de vivir pidiendo disculpas por ser quien era.

Vivir gorda es vivir ocultando tu cuerpo y tu dolor, porque si te atreves a mostrarlos sabes que serás castigada. Es sonreír, hacer chistes, mirar hacia abajo. Las personas gordas aprendemos a existir amablemente, a no ser un obstáculo. A vivir pidiendo permiso y pidiendo perdón por ser lo que somos. He disfrazado mi historia durante muchos años, rellenando los huecos sobre mi pérdida de peso, mis enfermedades y mi forma de comer con historias absurdas y sin sentido. Todo para protegerme.

11
MI CUERPO ES UN CAMPO DE BATALLA

Quien se atreve a ser feo es grande, decía ella. Los movimientos bonitos se gastan, el infinito está en el accidente y en el error.

Mónica Ojeda

Mi esófago mide 25 centímetros de largo y se extiende desde mi faringe hasta mi estómago. Ingresa en el cardias a través del diafragma, a la altura de la décima vértebra torácica. Justo ahí es donde se me queda atascada la comida. Según he leído en internet, es difícil medir el tamaño del estómago, ya que depende de la persona y de si está vacío o lleno, pero, en general, un estómago vacío tiene una capacidad de medio litro de líquido y de un litro y medio cuando está lleno, aunque puede llegar a expandirse hasta los cuatro litros.

El bypass gástrico reduce el tamaño del estómago a algo menos de 50 ml de capacidad. Esto equivale a 0,05 litros. El estómago de una persona no operada vacío tiene una capacidad de medio litro, la capacidad de mi estómago es de 50 mililitros.

50 mililitros. Para digerir todo lo necesario para mantenerme en pie cada día. 50 mililitros.

Pregunto a ChatGPT:

—¿Me puedes decir alimentos, comidas, frutas que ocupen 50 mililitros?

—Una fresa grande, diez arándanos, cuatro tomates cherry, una bola pequeña de helado, medio yogur.

—¿Puedes poner más ejemplos de cosas que no sean comida?

—Dos gomas pequeñas de borrar, un bote de alcohol en gel de bolsillo, un puñado pequeño de arena, 4 o 5 piezas de lego pequeñas juntas, dos pilas AA juntas.

Juego a preguntarle por diferentes categorías de cosas que ocupen lo mismo que mi estómago: objetos de cocina que ocupen 50 mililitros, cosas que hay en una ferretería que ocupan 50 mililitros, de una peluquería, de un supermercado. La inteligencia artificial me contesta con listas, objetos, a los que suele añadir delante el adjetivo «pequeño»: Un frasco pequeño de aceite lubricante, 15 o 20 tornillos pequeños, un rollo pequeño de cinta aislante, 2 o 3 brocas pequeñas.

Pequeño.
Pequeño.
Pequeño.
Pregunto:

—¿Puedes describir el estómago de una persona con bypass gástrico?
—Después de la cirugía, el estómago queda mucho más pequeño. Se crea una pequeña bolsa gástrica en la parte superior del estómago, del tamaño aproximado de una nuez o un huevo (20 a 50 ml de capacidad). La parte restante del estómago no se elimina, pero se desconecta del tránsito de los alimentos. Luego, el intestino delgado se reconecta directamente a la nueva bolsa para que los alimentos pasen sin pasar por la parte baja del estómago y el duodeno.

Descubrí cuál era el tamaño de mi estómago mientras escribía este libro. Estaba en casa de una amiga buscando artículos científicos sobre cirugía bariátrica y había leído ya varias veces el tamaño al que se reducía el estómago, aunque no me había parado a pensarlo. Pero esa vez fui al baño y cogí el bote de pasta de dientes: 100 mililitros. Salí con el tubo en la mano y le pregunté a mi amiga: «Pero ¿cómo puede ser?».

Mido 1 metro y 68 centímetros y peso 118 kilos. Tengo la cintura marcada, y las caderas y las piernas grandes. Me duele la cadera derecha de vez en cuando. Tengo la tripa redonda y llena de estrías, y un poco de chepa. Llevo los brazos tatuados, porque pensé que si los llenaba de dibujos bonitos me daría menos vergüenza enseñarlos. La parte superior de mis brazos es blanda y flácida. Tengo roto el radio del brazo izquierdo a la altura de la muñeca. Mis cuerdas vocales tienen una malformación de nacimiento que hace que me quede afónica muy rápido, me operé una vez y estuve cuatro meses sin hablar. La malformación no se solucionó y ya no quiero volver a operarme. Siempre llevo las uñas pintadas, me las pinto yo, y llevo gafas desde los ocho años. Me empezaron a salir fisuras en el colon a raíz de unas vitaminas que empecé a tomar y que me dieron reacción. Mis tetas eran grandes, luego se hicieron muy pequeñas y ahora son medianas, aunque ya no sé qué son.

Antes de operarme era gorda y nunca pensé si el tamaño de mis tetas o de mi cintura era el correcto, ni si mis piernas eran desproporcionadas. Cuando me miraba al espejo me parecía todo lo mismo: mis tetas, mis brazos, mi barriga..., todo era un montón de grasa y estrías. Al adelgazar tanto de golpe mi cuerpo empezó a parecerse a lo que había aprendido que debía ser. Después de la operación se intuían mi cintura y mis caderas, se marcaba mi clavícula y descubrí mi cuello y mi mandíbula.

Ese cuerpo soñado que nos dicen que está debajo del cuerpo gordo, que se representa con imágenes en las que el cuerpo gordo tiene una cremallera que al abrirse descubre un cuerpo delgado. Esa metamorfosis la estaba viviendo yo. Pero había ciertas diferencias. El nuevo cuerpo que me había tocado estaba lleno de estrías, más que antes; tengo estrías en lugares que nadie imagina que se pueden tener, como en el cuello. En dos años mi cuerpo empezó a rasgarse y toda mi piel quedó llena de cicatrices finas y claras que envuelven cada parte de él. Cuando muté a un cuerpo más normativo no desaparecieron mis problemas, aparecieron otros nuevos. Lo que antes era un todo pasó a estar fragmentado.

Después de operarme me quedé blanda y flácida. Lo primero que perdí fue músculo; después, la grasa. La piel permanece conmigo hasta hoy. Mis brazos adelgazaron y en ellos permanece la muestra de lo que había sido. Mi antiguo cuerpo no iba a desaparecer sin dejar rastro. El rastro del fracaso. Habitaba un cuerpo nuevo pero lleno de recuerdos del antiguo; así era imposible empezar de cero.

Los primeros años traté de ocultar esos recuerdos de mi antiguo yo. Empecé a tener encuentros íntimos con otras personas, como siempre había soñado. Hasta ese momento pensaba que nadie iba a querer compartir su cama conmigo. Cuando me sentí digna de amor y pude compartir intimidad con otra gente, la vergüenza corporal me acompañaba. Es muy difícil ocultar tu cuerpo en una cama, a solas con otra persona, y, aun así, lo conseguía. Después de todo lo que había pasado, seguía ocultando mi cuerpo.

Hoy mi cuerpo sigue siendo gordo, está lleno de estrías y de piel que cuelga, y me encanta. Puedo ver en él todo lo que os estoy contando y sentir mucho amor. No es el cuerpo del fracaso, es un cuerpo que ha vivido mucho y con mucha valentía. Hay que ser muy valiente para empezar una nueva dieta, hay que ser muy valiente para entrar a un quirófano. Y hay que ser más valiente para dejar de hacer todo eso.

La mayor parte del tiempo no vivo en guerra con mi cuerpo, a pesar de que en mi espalda grabé la frase: «Mi cuerpo es un campo de batalla». Este fue mi primer tatuaje y me lo hice unos años después de la operación. La gente se asusta al verlo, me dicen que les parece muy fuerte hablar del cuerpo en términos de guerra. No sé si es fuerte, pero sé que en mi cuerpo se han librado muchísimas batallas y que cuando me hice el tatuaje había decidido que en ninguna de las que vendrían volvería a tenerme como enemiga.

Mi cuerpo está preparado para pelear, porque ha pasado mucho tiempo defendiéndose de mí, le he hecho mucho daño. Pero hemos hecho las paces y ahora peleamos juntas las batallas de fuera. Cuando miro mi cuerpo en el espejo del baño veo todo esto. No veo un cuerpo frágil que se descompone por dentro, veo una piel dura que lo ha vivido todo, unas caderas fuertes que me sostienen y una tripa que esconde una inmensidad.

Me gusta enseñar mi cuerpo, he pasado de ocultarlo a mostrarlo descaradamente, casi buscando la provocación. A veces me asusto al darme cuenta de que he decidido salir medio desnuda a la calle, no sé cómo ha pasado, pero cada vez uso ropa más pequeña, que enseña más carne. He aprendido que mi cuerpo es visible quiera o no quiera yo, así que prefiero tener el control de cómo lo muestro. Ocultarlo me llevó al quirófano, enseñarlo me lleva a fiestas y a momentos de placer y alegría.

A pesar de todo esto, sé que es difícil que a alguien le pueda gustar mi cuerpo. Es un cuerpo raro, enrevesado, incomprensible, un cuerpo con una historia extraña. Cuando me veo en las fotos de la playa, desnuda con mis amigas, veo un cuerpo con una historia imposible de descifrar. Una tripa grande y rotunda sobre la que descansan dos tetas lánguidas, con unos brazos tiernos y enormes, una cara y un cuello finos. Es el cuerpo de alguien que ha engordado y adelgazado las veces suficientes como para perder su forma. Es un cuerpo enfermo, pero a mí me gusta. Me gustan las cosas complejas, no me interesan las cosas simples ni lisas ni fáciles. Nada me ha sido fácil y no voy a ponérselo fácil a nadie, por lo menos no con mi cuerpo.

Actualmente no se cuentan experiencias traumáticas sin avisar para evitar el posible sufrimiento que pueden generar en personas que han vivido otras experiencias traumáticas. Pero mi experiencia va sin avisos, porque no es digerible lo que he vivido. No se puede explicar lo que supone mutilar el estómago y el intestino de manera amable. No puedo ser complaciente con este relato, porque estoy llena de rabia hacia todas las personas y empresas que han ganado algo a partir de mi sufrimiento. También siento rabia por el dolor de las que han vivido lo mismo que yo, que son muchas. Me da igual si alguien se asusta, si suena demasiado fuerte. Lo realmente fuerte es vivir con el estómago y el intestino mutilados.

12

COMER

> Fui un niño gordo y siempre seré gordo, pase lo que pase y pese lo que pese.
>
> Enrique Aparicio

Una vez al mes compro comida «sana», cocino recetas que veo en Instagram, lleno mi nevera de túpers, los miro, los meto en bolsas y me los llevo al trabajo. En el trabajo despliego tres, cuatro, a veces cinco túpers a mi alrededor. Tengo la esperanza de que en alguno de ellos haya algo que justo hoy pueda comer. Ayer me sentó bien el pepino con sal, así que paro a comprar más pepino, lo pongo en un plato con estampado de leopardo que compré para animarme a comer, y lo pongo junto con los túpers. Cojo un cacho de pepino con las manos, clavo mi tenedor en el túper de raviolis cocidos y al segundo bocado dejo de masticar. No sé si es porque no tengo hambre, porque me da miedo que me siente mal, si es el calor o si estoy angustiada.

Con mis compañeras en el office, sigo la conversación mientras ellas comen y yo hago como que también. Nadie dice nada, pero todas se dan cuenta de que no estoy comiendo. De vez en cuando, muy esporádicamente, alguna me dice: «Chica no has comido nada, qué poco comes, ¿no?». Seguro que piensa que es raro que no coma, no tengo el cuerpo de una persona que no come; de hecho, mi cuerpo dice todo lo contrario. Mi cuerpo dice que no puedo parar de comer. Y, aunque no es verdad, no sé cómo explicarlo. ¿Quién se va a creer que peso 118 kilos sin comer apenas?

Como me es tan difícil comer, he ido incorporando algunas rutinas que funcionan. Por las mañanas, nada más levantarme, me tomo una infusión caliente para despertar a mi estómago; luego, un café para que se vaya abriendo poco a poco y, a veces, si todo sale bien, puedo comerme unas tostadas. A partir de ahí sigo bebiendo café. Comer al mediodía es lo más difícil, en general no lo hago en las comidas, así que vuelvo a comer por la tarde, cuando ya mi hambre es voraz. Por las noches no ceno, tuve que dejar de hacerlo porque la mayoría de las veces me despertaba tosiendo y vomitando un ácido que no se calmaba hasta pasadas unas horas y varias infusiones. Las cirugías bariátricas suelen generar muchos problemas de reflujo.

Odio comer. La comida era un problema. La comida es un problema. La comida siempre será un problema.

Antes de operarme odiaba y amaba la comida a partes iguales. Odiaba comer, porque no podía parar de hacerlo. Amaba comer porque me daba calma. Ahora solo lo odio. La comida fue mi gran compañera durante mucho tiempo, y también la sensación de fracaso por no poder controlarla.

Solo con la comida lograba calmar mi agitación. Odiaba tener que parar en el Eroski antes de llegar a casa para comprarme una bandeja de palmeras de chocolate o un paquete de donuts y comérmelos rápido y a escondidas por el camino. Antes de entrar al portal no quedaba rastro de ellos. Pero también gracias a los paquetes de hojaldre con azúcar y a los botes de Pringles conseguía calmar mi ansiedad. ¿Qué hubiera sido de mí sin ellos?

Es lo primero que pensé cuando decidí operarme, y así se lo dije a mi madre: «Mamá, me da miedo necesitar comer y no poder». Me daba miedo perder la posibilidad de comer sin pensar, porque era lo único con lo que conseguía calmarme. Un kinder bueno es una bomba de azúcar, son aceites refinados, son cientos de calorías, es toda una industria alimentaria basada en la explotación y el consumo desconectado. Y también son alivio cuando estás angustiada y no sabes qué hacer. Todo eso por 1,20 euros.

Hay dolores que se colocan entre el estómago y el pecho, que no están en la cabeza ni en el corazón, que no pueden salir por la boca. Son dolores que no se pueden nombrar, porque el miedo no los deja salir. Su casa son las vísceras y es ahí donde escuecen. Estos dolores se calman comiendo. Solo hace falta una buena tostada de queso Philadelphia con mermelada, un paquete de galletas Príncipe o un sobre de 5 Kit Kat por 3 euros. Lo primero que perdí al operarme fue el refugio que me daba comer, luego perdí peso y después perdí salud.

Comer para muchas ha sido y es amparo. Muchas encontramos en la comida una forma de bienestar. Sin embargo, la comida se ha convertido en un peligro, un enemigo al que tenemos que conocer y controlar muy bien. Nos parece horrible recurrir a la comida para dejar de sufrir. Pero no tiene nada de malo evitar sufrir, buscar calor. Quizá no es ideal, pero la sociedad no juzga tan duramente a quien calma su ansia con tabaco, alcohol, telebasura o cualquier otro tipo de paliativo.

Cuando me operé, dejé de calmar estos dolores con la comida. Los atracones me inundaban de una vergüenza muy fuerte. Después de cada uno de ellos me sentía culpable por no haberlo frenado, por no haberme sabido controlar, me castigaba por haber vuelto a caer. Pero los atracones también aliviaban mi dolor, me ayudaban a calmar las ganas de llorar, me daban paz. El azúcar me relajaba y dejaba de estar alerta con el mundo cuando masticaba.

Todo esto desapareció de golpe el día que me operé. Dejé de depender de la comida y dejé de disfrutar con ella.

Comer no solo significa comer. En nuestra sociedad nos reunimos en torno a la comida. En mi casa comer significaba muchas cosas. Cuando me quedaba sola con mi tía, íbamos a comprar cosas ricas. Los domingos mi padre preparaba crepes y zumos naturales. Una vez al mes salíamos a comer a un restaurante chino cuando mi padre cobraba. Los sábados por la tarde nos reuníamos en casa de mi tía en Leganés y siempre había una bandeja de pasteles variados. Cuando iba con mi abuela a hacer la compra, me dejaba comer alguna chocolatina dentro del supermercado si escondía bien el envoltorio para no tener que pagarlo. Comer me daba mucho placer y me hacía sentir culpable también.

Ahora comer no significa nada. Desde que me operé no me gusta comer, lo he intentado, pero no hay manera. Es muy difícil comer cuando todo te sienta mal. En general no puedo ingerir cosas con mucha fibra porque a mi pequeño estómago le cuesta mucho digerirlas, esto significa que no puedo tomar ninguna fruta o verdura cruda. No digiero la lechuga ni la zanahoria ni las manzanas ni los melocotones ni las naranjas. No puedo comer apio o maíz. Tampoco pasta ni arroz integral, en general no puedo comer casi nada integral. No puedo comer carne ni pescado, porque se me atasca, un mal bocado y otra vez de vuelta al baño a vomitar. Últimamente tampoco puedo comer cosas duras, porque mis dientes están muy viejos y se parten con facilidad.

Cuando lo digo nadie me cree, todo el mundo piensa que exagero, que no me esfuerzo lo suficiente en intentar digerirlo. Da igual que explique que mi estómago tiene el tamaño de una nuez y que no funciona igual que el del resto; la gente me mira con sospecha. Es agotador tener que dar explicaciones continuamente y que todo el mundo mire con suspicacia. ¿Cómo puede ser que esté gorda comiendo tan poco? Me paso el día explicando cuál es mi forma de comer, pero ningún argumento funciona, aunque cuente los detalles de la operación, aunque enumere los puntos que me dieron para unir el estómago y el esófago. Nada es suficiente. Todo el mundo sospecha: como demasiado poco, como mal.

Comer sola tampoco es mejor opción, porque me canso muy rápido. Le he cogido tanto asco a la comida que, después de cocinar, no soy capaz de comer lo que he preparado. Haberla manipulado y olido ya me cansa. Además, a menudo dedico tiempo y esmero en cocinar algo rico y luego, por algún motivo, me sienta mal. Cocino durante horas y acabo tirándolo. Me es difícil hacer la compra, porque todo se pone malo y siempre me sobra comida.

Tampoco soy capaz de comer si estoy mal. Si estoy agitada, nerviosa o triste, me bloqueo. Si hace calor, no entra nada. El estómago es un órgano compuesto por músculos y cuando se tensan dejan de funcionar. El mío está demasiado frágil y cansado como para hacer ningún esfuerzo.

No puedo comer si bebo y no puedo beber si como. No puedo beber agua ni refrescos ni una copa de vino. Ni mucho menos beber agua fría. Hace más de diecisiete años que no siento el placer de calmar la sed con un gran sorbo de agua. Me sienta mejor el agua caliente o el agua con gas. Por eso siempre bebo infusiones, café y refrescos. Pero no agua. Mi estómago, y el de todas las personas con bypass, es más sensible a la temperatura de los alimentos. Esta es una de las consecuencias de la operación. En un estómago sano el agua fría va templándose a medida que recorre el sistema digestivo, sin embargo, en mi estómago el agua pasa muy rápido hasta el intestino, que no soporta la temperatura.

Le tengo asco a muchos alimentos que antes me encantaban, pero que, de haberlos vomitado tantas veces, ya no me apetece llevarme a la boca. Esto me pasa, por ejemplo, con la pasta o la pizza. Cosas que antes me encantaban ahora no puedo ni verlas. Una pizza caliente me da arcadas, me pasa lo mismo con la carne. Los primeros años vomitaba y me mareaba constantemente. Cuando creía que tenía controlada una comida, de repente se me atascaba y empezaba todo un proceso de intentar reaprender a comerla. Al principio me esforcé mucho en comer de todo, nunca me había dado asco la comida y no quería aceptar que no iba a poder comer cosas que siempre me habían gustado. Pero la frustración, los vómitos constantes y el sufrimiento hicieron que después de un tiempo dejara de intentar llevar una dieta «sana».

Sé que tengo que comer, pero hacerlo tres o cinco veces al día se me hace un mundo. Por eso como igual que una ardilla: siempre tengo pequeñas cantidades de comida en el bolso que voy mordiendo a lo largo del día y que me ayudan a mantenerme en pie. Llevo galletas, frutos secos y chocolate que voy llevándome a la boca en cantidades muy pequeñas, pero sin descanso. Cuando tengo mucha hambre me hago un sándwich, mi principal fuente de alimento son el sándwich y el café. Sé que no es la mejor forma de alimentarse, pero es la única que puedo permitirme.

Los ratones y las ardillas tienen unos pliegues en sus mejillas que se llaman abazones, son como bolsas extensibles donde los roedores y algunos monos guardan la comida antes de masticarla y digerirla. Mis mofletes son como los de una ardilla. Cuando como, la comida no pasa directamente al estómago, sino que la guardo durante un rato en mis cachetes para preparar lo que viene.

El otro día, una compañera del trabajo me dijo que le daban asco los purés que suelo llevar a la hora de comer. Como tengo que comer verduras, pero no las digiero, todas las semanas hago purés: calabaza, zanahoria, calabacín, espinacas, lentejas, champiñones. Hago purés de casi todo. Hago ollas de puré que congelo, porque luego no soy capaz de comer más de cuatro cucharadas. Tampoco es fácil digerir cosas líquidas. Después de ingerir un poco de puré se me cierra el estómago y ya no puedo más. Quisiera haberle dicho a mi compañera que a mí tampoco me gusta alimentarme a base de papillas y purés.

Comer es tan difícil que muchas veces prefiero no hacerlo. Muchos días me pregunto cómo sigo en pie. Hay días en los que lo único que pasa por mi estómago es café, té y quizá alguna cerveza. Si el alimento es lo que nos da energía, ¿cómo es que sigo viva? Tanto en mí como en una parte importante de mi familia hay una capacidad de resistencia más parecida a la de la cucaracha que a la de las personas. Quizá vaya en nuestro ADN.

De hecho, España está llena de cucarachas, de largas generaciones de cucarachas. Familias que después de una guerra tuvieron que habitar un país lleno de cadáveres y de hambre. Que, sin nada que comer, seguían en pie buscando vida y alegría en cualquier esquina. Mi familia es una de esas. Enfermas, sin comida, sin estómago, sin intestino, sin dinero, sin trabajo, llenas de dolores, solas, hemos vivido y seguimos viviendo con una intensidad pasmosa; alegres, juguetonas, curiosas. Aun sin entender de dónde sacamos la energía, lo cierto es que somos las primeras en organizar un sarao, en meternos a la cocina a preparar lo que haga falta y buscar algo que nos haga gracia para poder seguir sonriendo. Estamos ansiosas de vida, de chismes, de relaciones. Como los zombis de las pelis, que incluso sin órganos ni vida en su interior, se levantan rápidamente ante el mínimo ruido y corren hacia su objetivo. Soy como una cucaracha, como un zombi, no tengo fuerzas, pero tengo ganas.

Es imposible llevar una alimentación sana con el estómago mutilado; es imposible digerir bien los alimentos. Tengo que asumir que nunca voy a comer bien, que la alimentación no me va a salvar. Y asumir esto hoy es mucho más difícil que en cualquier otra época, porque vivo rodeada de gente que cree religiosamente que su salvación se basa en tener una buena alimentación y hacer deporte.

Es la nueva religión de occidente, creemos que controlar nuestra alimentación y saber comer es el pasaporte necesario para una vida sana y duradera. Las decisiones que tomemos sobre la comida nos salvarán. Lo que consigamos comprar, si es que podemos hacerlo, es lo que nos salvará de posibles cánceres, problemas cardiovasculares y otras enfermedades. Los derechos básicos, los bienes materiales, el acceso a la salud o el desastre climático no son luchas tan importantes como la que, individualmente, tenemos que emprender cada día para controlar lo que comemos. «¡Comer bien es revolucionario!», dicen los nuevos gurús que aparecen en nuestras pantallas. Surgen movimientos en contra del azúcar o la comida procesada. Llaman revolución a la creación de una nueva ideología basada en la producción de una misma, en concebir el cuerpo dentro de un mercado en el que solo será deseado el cuerpo que demuestre ser saludable. Esta ideología sostiene un negocio millonario en el que participan empresas y personas que ofrecen productos para aprender a estar saludable, enriqueciéndose de nuestros miedos e inseguridades. Es curiosa la cantidad de gente que necesita acudir a personas expertas para aprender a comer, cuando es una de las cosas más sencillas e intuitivas que hay.

Las revoluciones de este siglo han dejado de ser colectivas. Ahora las hacemos en casa o en el súper, y solo si podemos pagarlas. Se nos olvida que la salud es un fenómeno mucho más complejo y que no depende de nuestras decisiones personales. Mientras nos preocupamos por comer «bien» para salvarnos, ignoramos que epidemias sociales como la soledad, la ansiedad y la tristeza nos están matando.

13

HAMBRE

> Nunca imaginó que el hambre fuera un peso perfecto trepando desde el estómago hasta la sien.
> Tener hambre era alojar la nada y escucharla regurgitar anfibios en su estómago.
>
> Mónica Ojeda

Estoy hecha de hambre. El hambre cada vez ocupa más espacio, respiro hambre, soy hambre. Tengo hambre todo el tiempo, la siento en mis dedos, en mi pelo y en mis tobillos. Todo mi cuerpo es hambre. Es como si mi estómago hubiera desaparecido y en su lugar se hubiera instalado un hambre inmensa que va ocupando todo mi cuerpo. Sé que el hambre se soluciona comiendo, pero yo no puedo comer.

Con el tiempo he aprendido a diferenciar tres tipos de hambre: está el que es como un zumbido, molesta pero no te impide hacer cosas. Luego está el que te taladra la cabeza y no te deja pensar. Y, por último, el que pesa y hace que tu cuerpo deje de funcionar.

Echo de menos sentirme saciada. Y echo de menos ver una mesa llena de cosas y pensar que voy a comer hasta cansarme disfrutando de cada bocado, sabiendo que luego vendrá otro. Extraño fantasear con comida, con lo que comeré después o con lo que vamos a pedir. Porque, aunque tengo hambre, nunca tengo ganas de comer. Y no consigo comer lo suficiente para callar el hambre. Tengo hambre, miro la comida y me da asco. Si no es con comida, ¿con que puedo calmar esta hambre?

Es difícil describir el hambre, porque es difícil definir lo que no es, lo que no está. Es como si sonara dentro de ti el mismo ritmo de *Jumanji* cuando los protagonistas tiraban los dados. Tener hambre es tener un agujero muy grande dentro, un agujero más grande que tu estómago, que ocupa toda la tripa y, en mi caso, llega hasta el pecho. Es un vacío enorme. Siento como si hubiera un hueco entre mi garganta y mi vientre. Sé que no puedo llenar este hueco, lleva tanto conmigo que ya tiene su propio espacio, como lo tienen mis brazos o mis caderas.

Si tuviera que dibujar mi cuerpo por dentro, dibujaría un estómago muy pequeñito del que cuelga, como una hoja a punto de caer del árbol, una bolsa inerte más grande. Ambos estómagos, el que funciona y el que se ha quedado colgando, muerto, flotarían en una gran bolsa vacía dentro de mi cuerpo, que es mi hambre. Mis estómagos son como dos hermanos que van juntos a todos lados, solo que uno de los dos, el más grande, el mayor, yace muerto agarrado de la mano del hermano pequeño, que carga con el cadáver. ¿Cómo describir lo que no es? ¿Cómo hacerlo sabiendo que nunca será otra cosa? Al nombrar el hambre, nombramos la necesidad de que acabe. El hambre no puede existir sin las ganas de que desaparezca, pero mi hambre es infinita. Mi hambre no se va a acabar nunca. Es el cadáver que arrastro yo.

Mi hambre existe haga lo que haga. Me imagino cómo sería vivir con sed permanentemente y me parece terrible. De repente me doy cuenta de que quizá sea igual de terrible también vivir siempre con hambre y que me he acostumbrado a ello.

Me prometieron dejar de tener hambre. Entré al quirófano porque no podía controlarla, porque era insaciable, se comía todo y se me estaba comiendo a mí. Ni yo ni mi gente podíamos frenar esa hambre que no se calmaba con comida. No había bollos suficientes para todo ese hambre que sentía. Reducir mi estómago la reduciría, me dijeron, pero sigo teniendo hambre. Aunque la que me acompaña ahora es un hambre diferente. Mi cuerpo no es una máquina, una ecuación, un recortable al que le puedes cambiar el tamaño y la forma. Al cortar mi estómago lo convertí en un órgano enfermo que no responde a la comida. No como porque mi estómago es pequeño, no como porque mi estómago está enfermo. Antes se calmaba comiendo, ahora nada calma el hambre que siento.

14

Y DE ROUX

> Entiendo el cuerpo gordo como un cuerpo colonizado, un cuerpo visto como inferior para una cultura donde la delgadez se ha impuesto triunfantemente. Un cuerpo para el fracaso, para la desaparición, un cuerpo erróneo, errado. Pero, y siguiendo a Fanon, el colonizado se ríe cuando se descubre animal en palabras del colono. Entonces digo: soy la vaca.
>
> LUCRECIA MASSON

El 12 de enero de 2023 murió Lisa Marie Presley a los cincuenta y cuatro años. Hasta ese día no sabía quién era; sin embargo, al leer la noticia de su muerte me derrumbé. Estaba sola en casa desayunando cuando lo leí. Lisa Marie Presley murió a causa de una obstrucción intestinal ocasionada por adherencias provocadas por una cirugía para bajar de peso. Las adherencias abdominales son bandas de tejido cicatricial que se forman dentro del abdomen. Las bandas se forman entre dos o más órganos o entre los órganos y la pared abdominal.

Según el informe de la autopsia, Lisa Marie sufrió una obstrucción que tenía la «forma de un intestino delgado estrangulado causado por adherencias que se desarrollaron después de una cirugía bariátrica hace años».

No sé qué tipo de operación le hicieron a Lisa Marie, y hasta hace poco tampoco supe bien cuál me hicieron a mí, porque no hay ningún informe que lo diga explícitamente. Al operarme por la vía privada, mi intervención no aparece en mi historial médico de la seguridad social, solo pone: «Realizada cirugía bariátrica». No ha sido hasta que he empezado a investigar sobre este tema cuando me he preguntado dónde está la información sobre mi operación.

En los pocos documentos que nos dieron no aparece por ningún sitio una descripción clara del tipo de intervención. Sin embargo, comparando lo que aparece en esos documentos y lo que recordamos mi madre y yo con la información que hay en internet, parece que a mí me hicieron una cirugía bariátrica en Y de Roux. He tenido que buscar bien en qué consiste, porque en todos estos años no he sabido qué me habían hecho. Al salir del hospital nos dieron un sobre con un breve informe y nosotras lo guardamos en un cajón que no abrimos hasta hace unos meses. En ese sobre estaba el dibujo que el doctor hizo hace años en su despacho.

Después de la operación seguimos hacia delante sin mirar atrás. Decidí no hacerme cargo, no saber, no entender. Preferí vivir sin saber qué había pasado. Empecé una nueva vida y me centré en lo nuevo: una nueva forma de comer, una nueva forma de vestirme, una nueva forma de bailar, de salir, de amar. Durante muchos años me ayudó mirar hacia otro lado. Pero ya no me sirve, mi cuerpo ha empezado a fallar y necesito entender qué está pasando.

He descubierto que hay diferentes tipos y formas de reducir el estómago. La que me hicieron a mí es la más invasiva pero también la más efectiva. Se llama bypass en Y de Roux porque, tras la intervención, el estómago y el intestino forman una «Y» y porque esta idea se le ocurrió por vez primera a un señor blanco llamado Cesar Roux, un médico suizo del siglo XIX.

Roux trabajó como cirujano durante los años en los que la cirugía estaba en expansión, la época en la que el cuerpo empezaba a entenderse como una máquina: se clasificaba, se diseccionaba, se estudiaban las partes y sus funciones, se cortaba y se cosía. A finales de siglo, Roux realizó la primera reducción gástrica con forma de Y, pero estas primeras operaciones no tenían como objetivo la pérdida de peso, sino curar enfermedades y problemas del sistema digestivo. El propio Roux dejó de realizarlas años después al descubrir que generaban regurgitaciones de bilis y secreciones pancreáticas, que aumentaba la posibilidad de desarrollar úlceras en los pacientes.[2]

Esta técnica se descartó y quedó obsoleta hasta los años sesenta del siglo pasado, cuando empezó a desarrollarse una rama específica de la cirugía destinada a acabar con la obesidad.[3] A mediados de los años cincuenta se realizaron las primeras derivaciones intestinales, que limitaban la absorción

---

[2] Martínez Mier, G., y Reyes Devesa, H. E.: *César Roux. El cirujano y su anastomosis.*

[3] Este dato, así como los que siguen sobre la historia de la cirugía bariátrica, lo he extraído de Baltasar, A., Bou, R., Bengochea, M., y Pérez, N.: *Inicios de la cirugía bariátrica y metabólica en España.*

de alimentos y nutrientes, y que se abandonaron a los pocos años porque generaban graves complicaciones como malnutrición y fallos hepáticos.

En 1973 se realizó la primera cirugía bariátrica en España —en Sevilla, concretamente— y en los años siguientes se llevaron a cabo otras cuantas intervenciones más en Barcelona o Zaragoza. Fueron casos muy puntuales en los que no había certezas sobre su efectividad ni sobre sus consecuencias. A lo largo de estos años, reconocidos doctores, miembros de sociedades y organismos destinados a acabar con la obesidad, probaron nuestros cuerpos hasta encontrar una forma óptima de estrujar y reducir nuestros órganos al mínimo sin que dejaran de funcionar, aunque lo hicieran sin dignidad. Los odio a todos.

Aunque ya se hacían desde los setenta, no fue hasta principios de los 2000 cuando se convirtieron en un área especializada de la cirugía, que cuenta con observatorios y unidades específicas en los grandes hospitales. En 2004 se realizó en España la primera cirugía bariátrica a un niño de diez años, y en 2008 se registraban ya 5.952 cirugías de este tipo en hospitales públicos. No he encontrado cifras sobre las realizadas en hospitales privados. Hay muy poca información y es difícil seguir la pista. Lo que sí he descubierto es que, actualmente, se realizan y registran alrededor de 6.000 intervenciones anuales, pero, una vez más, tal y como me respondieron por correo desde el Ministerio de Sanidad: estos datos corresponden solo a los que se registran y a todas las operaciones que se realizan, que son muchas más.

En mi búsqueda descubro que, a nivel global, en 1988 se habían registrado ya 40.000 intervenciones de cirugía bariátrica y que en 2003 el número ascendía a 146.301. En 2008 las cifras eran de 344.221 operaciones bariátricas registradas en los países asociados a la International Federation for the Surgery of Obesity (IFSO).[4] Según estos datos, entre 1998 y 2008, en veinte años, las operaciones bariátricas aumentaron un 761%.[5] También descubro que somos el séptimo país que más cirugías bariátricas realiza a nivel mundial. Me gustaría tener datos actualizados; sin embargo, después de un año de investigación, no he conseguido encontrar mucho más.

---

[4] Actualmente pertenecen 94 países a la IFSO: Albania, Alemania, Arabia Saudí, Argelia, Argentina, Armenia, Aruba, Australia, Austria, Azerbaiyán, Bangladés, Baréin, Bélgica, Belice, Bolivia, Brasil, Bulgaria, Camerún, Canadá, Catar, Chile, China, Colombia, Corea del Sur, Costa Rica, Croacia, Ecuador, Egipto, El Salvador, Emiratos Árabes Unidos, España, Estados Unidos, Estonia, Etiopía, Filipinas, Finlandia, Francia, Georgia, Ghana, Grecia, Guatemala, Honduras, Hong Kong, Hungría, India, Indonesia, Irán, Irak, Irlanda, Israel, Italia, Japón, Jordania, Kazajistán, Kenia, Kuwait, Letonia, Líbano, Libia, Lituania, Malasia, Maldivas, Mauricio, México, Nicaragua, Nigeria, Noruega, Nueva Zelanda, Omán, Países Bajos, Pakistán, Palestina, Panamá, Paraguay, Perú, Polonia, Portugal, Puerto Rico, Reino Unido, República Checa, República Dominicana, Rumanía, Rusia, San Vicente y las Granadinas, Singapur, Siria, Sri Lanka, Sudáfrica, Suecia, Suiza, Tailandia, Taiwán, Togo, Trinidad y Tobago, Turquía, Ucrania, Uzbekistán, Venezuela, Vietnam, Yemen y Zimbabue.

[5] Lecube, A., y Monereo, S.: *RICIBA, ¿qué sabemos sobre la cirugía bariátrica en España?*

15

LAPAROSCOPIA

> Cuando hablamos de los males del mundo —violencia, pobreza, injusticia— no hablamos de conceptos abstractos: hablamos de cosas que les pasan a los cuerpos. Los científicos modernos prometen muy poco; saben que los metales no se pueden transmutar, y que el elixir de la vida es una ilusión.
>
> SONYA RENEE TAYLOR

La laparoscopia es la técnica más utilizada en las cirugías bariátricas. En lugar de abrirte en dos como se hacía antes, actualmente se hacen unos cortes por los que se introducen unos pequeños bisturís y aparatos con cámaras. Ya no es necesario abrir, el cirujano trabaja mirando por una pantalla que le muestra lo que hay dentro del cuerpo. Sus manos ni siquiera tocan el cuerpo, como las máquinas de peluches de las ferias en las que tienes que atrapar el premio con una pinza gigante que diriges a través de unos mandos.

Esta técnica supuso una revolución en el ámbito de la cirugía. Antes de su aparición operaciones como la mía presentaban muchas más complicaciones. Después de abrir, cortar los órganos y unirlos formando una Y, tenían que volver a cerrar la tripa y coserla. Como el pequeño armario del salón de casa de mi abuela con dos puertas que abría cuando ella se iba a pasear para comerme un mantecado o una galleta. Así se quedaba el cuerpo de la gente que se operó unos años antes, solo que en vez de galletas, había un aparato digestivo torturado, manipulado y mutilado dentro.

Por suerte, mi tripa solo tiene cinco pequeñas marcas y no una gran cicatriz cosida con grapas. Esas marcas que se disimulan entre mis estrías estuvieron cosidas con un hilo negro igual que el que tengo ahora en mi encía derecha. El hilo negro que se usa para unir la carne, que en este caso el dentista ha abierto para introducir una prótesis.

Adelgacé muy rápido, mi cuerpo era joven y respondió bien. Como mi piel todavía era elástica no me quedaron grandes trozos de piel colgando de los brazos y la tripa. Mi doctor se relamía al verme, era el ejemplo perfecto de su éxito. Decía que gracias a mi juventud los resultados eran aún mejores. Me hizo fotos antes y después y me pidió permiso para enseñárselas a futuros pacientes.

Todo el mundo me decía que no me preocupara, que cuando terminara de adelgazar podría operarme y quitarme las «pieles sobrantes». Nadie me decía que la operación para quitarse las pieles deja también cicatrices, unas finas líneas justo donde han cortado, estirado y cosido.

Mis cinco marcas que conforman una constelación, un rastro que no se puede borrar. Cualquier persona aficionada a las novelas policiacas y al *true crime* sabe que no existe el crimen perfecto, siempre queda alguna evidencia de lo acontecido. Siempre hay un rastro. Lo que le hacemos al cuerpo deja huella. Pueden ser unas pequeñas marcas o una gran cicatriz o una enfermedad crónica o un hambre inmenso que no va a desaparecer nunca. O todo a la vez.

16
MUTILAR

> La viajera en el tiempo de Nóvikov es la trágica ingenua que se da cuenta demasiado tarde de que su viaje al pasado es lo que ha sellado el mismo destino que pensaba impedir.
>
> Carmen María Machado

Alrededor del 80 % de los bypass gástricos se les realizan a mujeres. Mujeres que queremos adelgazar porque vivir en este mundo siendo gorda no es vivir. Mujeres que buscamos adelgazar desesperadamente porque no es compatible ser mujer y ser gorda. Mujeres a las que desde pequeñas nos amenazaron con que si no adelgazábamos nadie nos querría y acabaríamos solas y amargadas encerradas en nuestras casas con olor a pizza y a humedad.

Dicen que tomamos la decisión libremente, entramos a quirófano por nuestro propio pie, primero un paso y después el otro. Nadie nos obliga, nadie nos amenaza para que tomemos esa decisión. ¿O sí?

Si sigues comiendo así vas a explotar.
Si adelgazas, estarás más guapa.
Es por tu salud.
Tienes que ser un buen modelo para tus hijes.
Si hicieras más deporte, te sentirías mejor.
Tu forma de comer refleja una baja autoestima.
A los hombres no les gustan las mujeres gordas.
A las mujeres no les gustan las mujeres gordas.
Las mujeres gordas follan mejor porque están desesperadas.
Comes como una cerda.
Tu problema de peso se solucionaría si fueras al psicólogo.
Engorda para protegerse de los hombres.

A las mujeres gordas se nos llena de temores. Amenazas que no son amenazas, violencias que no son violencias. Palabras y miradas escondidas detrás de la preocupación y la culpa. Somos culpables de no querernos. Somos culpables de no conseguir que nos quieran. Porque en este mundo, que te quieran es un trabajo, te lo tienes que merecer, nadie te va a querer porque sí: si adelgazas, te querrán; si te cuidas, te querrán; si te esfuerzas, te querrán. Pero ¿qué significa esforzarse? Dejar de comer. Pasar hambre. Odiar tu cuerpo. Provocarse vómitos y diarreas. Cortar partes de él. Mutilar tus órganos.

La información que hay sobre las cirugías para adelgazar no habla nunca de mutilación, al revés. Las descripciones están hechas de forma que parezca que entrar al quirófano va a ser tan sencillo como ir a hacerte la depilación láser o un blanqueamiento dental. Por ejemplo, en la primera página que aparece al escribir «cirugía bariátrica» en mi buscador dice así:

El bypass gástrico y otros tipos de cirugías de pérdida de peso (conocidas como bariátrica o metabólica) implica hacer cambios en tu sistema digestivo para ayudarte a perder peso. La cirugía bariátrica se realiza cuando la dieta y el ejercicio no han funcionado o cuando tienes problemas graves de salud debido a tu peso. Algunos procedimientos para la pérdida de peso limitan la cantidad de alimentos que puedes ingerir. Otros reducen la capacidad del cuerpo para absorber grasas y calorías. Algunos procedimientos hacen ambas cosas. […] La cirugía bariátrica se realiza para ayudarte a perder el peso adicional y para reducir el riesgo de que se presenten problemas de salud potencialmente mortales relacionados con el peso.[6]

Sigo navegando en internet y encuentro una definición un poco más rigurosa:

El bypass gástrico consiste en reducir el tamaño del estómago, a un pequeño saco de menos de 50 ml de capacidad para disminuir y restringir la absorción de alimentos. La cirugía de bypass gástrico divide el estómago y crea un pequeño reservorio que se conecta directamente con el intestino delgado.[7]

En general se usa un lenguaje técnico incomprensible que nos distancia de lo que realmente suponen este tipo de intervenciones. En los pocos estudios que hay en castellano sobre este tema, se destaca el hecho de que es la única cirugía en la que se opera un órgano que está sano. De hecho, una

---

[6] https://www.mayoclinic.org/es/tests-procedures/bariatric-surgery/about/pac-20394258
[7] https://cirdionco.com/bypass-gastrico/

máxima de la medicina es no dañar partes del cuerpo que estén sanas. En uno de estos estudios lo expresan así:

> Representa un caso único de la cirugía al operar órganos sanos que no son la causa ni mejoran tras la operación, aunque sí lo haga la salud el paciente.[8]

Aunque sí lo haga la salud del paciente.
Aunque sí lo haga la salud del paciente.
Repito esta información obsesivamente, a mis amigas, a mi madre, a mis compañeras del trabajo. ¿Qué es tan importante como para dañar un órgano sano?

Lo de intentar cambiar el cuerpo a toda costa buscando la perfección física y estética no es nuevo. Este tipo de prácticas se conocen como «eugenesia». Una disciplina que busca modificar las características genéticas y físicas de los seres humanos con el fin de que las personas seamos más sanas, más inteligentes o esquivemos ciertas dolencias relacionadas con la salud hereditaria. Se trata de una idea muy antigua y problemática que se ha mantenido constante a lo largo de los siglos y que, incluso, ha llegado a definir ciertos periodos históricos como, por ejemplo, el nazismo. Y, aunque a menudo es un término usado bajo el paraguas de la ciencia, en realidad se sitúa en un punto intermedio entre la pseudociencia y la filosofía.

Con la modernidad, sentimos que podíamos usar la ciencia para corregir lo que consideramos que está mal. Esto es muy controvertido, porque se basa en la idea de que algunos

---

[8] Baltasar, A., Bou, R., Bengochea, M., y Pérez, N.: *Inicios de la cirugía bariátrica y metabólica en España*.

grupos son «superiores» a otros y utiliza la ciencia para justificar la discriminación y la violencia. El término se popularizó a finales siglo XIX, impulsado por teorías pseudocientíficas que vinculaban «raza», «salud» y «moralidad». Lo instauraron científicos y figuras políticas como Francis Galton, primo de Darwin, y sus teorías fueron adoptadas por gobiernos para justificar políticas de esterilización y genocidio, como el caso de la Alemania nazi. En países capitalistas estas ideas también fueron utilizadas para controlar a las clases trabajadoras y racializadas, entre otras.

La eugenesia encuentra en la violencia simbólica una herramienta para perpetuarse, y en el caso de las personas gordas, cuando asumimos los miedos y el odio propios de las ideas gordófobas, ya no hace falta que se nos obligue a cambiar, sino que somos nosotras mismas las que ejercemos autopresión y prácticas violentas hacia nuestros cuerpos.

Después de este tipo de operaciones adelgazamos, pero nuestra salud no mejora. Delgadez no es sinónimo de salud. Las personas delgadas no están más sanas. Las personas delgadas no hacen nada para serlo. Las personas delgadas no son mejores personas. Adelgazar no debería ser un motivo suficiente para mutilar un órgano sano. La mutilación es un tipo de castigo provocado para generar un daño en una persona. Es una práctica que, históricamente, se ha realizado siempre para someter a los cuerpos a las normas y creencias de cada cultura.

Cuando en Europa hablamos de mutilación, solemos referirnos exclusivamente a la mutilación genital femenina, como si la mutilación fuera una cosa del pasado o de culturas salvajes a las que tenemos que salvar. Destinamos grandes cantidades de dinero, diseñamos proyectos para «ayudar» a las mujeres víctimas de este tipo de práctica y nos llevamos las manos a la cabeza, indignadas, porque no comprendemos quién sería capaz de hacer algo así. Lo hacemos olvidando, o, mejor dicho, ocultando que, en Europa, en España se realizan diariamente diferentes tipos de mutilaciones. Nos asustamos mucho por lo que sucede en Sudán o en Nigeria, pero nosotros hemos normalizado las cirugías estéticas de pechos o de los genitales, los alargamientos de los huesos de las piernas para ganar unos centímetros o las liposucciones para hacer encajar nuestros cuerpos en unas normas corporales imposibles.

Según la página web del Ministerio de Igualdad, la mutilación genital femenina es:

> Una forma de violencia contra las mujeres que viola los derechos de mujeres y niñas, afectando a su integridad física y psicológica, así como a su salud sexual y reproductiva, perpetuando las desigualdades de género.

¿Por qué nos horrorizamos con la mutilación genital femenina pero no se nos mueve un pelo con las diferentes formas de violencia que ejercemos hacia nuestro cuerpo? ¿Acaso no podríamos decir lo mismo de las cirugías bariátricas? Podríamos parafrasear:

> Las operaciones de cirugía bariátrica son una forma de violencia contra las mujeres que viola los derechos de mujeres y niñas, afectando a su integridad física y psicológica, así como a su salud, perpetuando las desigualdades de género.

17

UCI

> Cuando vi morir a King Kong supe que era a mí a quien la industria estaba matando, no se puede ser tan grande, tan fea y vivir en el centro de la ciudad.
>
> CLAUDIA RODRÍGUEZ

La primera noche tras la operación la pasé en la UCI. Mi única compañía fueron los tubos y las máquinas que había a mi alrededor y una especie de manta, como una colchoneta llena de aire, que cubría mis piernas y se hinchaba y deshinchaba ejerciendo presión para evitar el riesgo de trombosis. Recuerdo el dolor de espalda y la sensación de cientos de cuchillos clavándose en mi espalda sin parar. Recuerdo mi estómago hinchado y lleno de aire por la laparoscopia. Recuerdo el dolor por dentro, un dolor que no había sentido nunca; sentía cómo mis órganos se retorcían y chillaban. No me podía mover y tenía mucho frío; desde entonces no he dejado de tenerlo. Estaba totalmente desnuda y a oscuras y el tiempo parecía haberse parado. Fue una de las peores noches que he vivido.

Días después mi padre me enseñó una imagen de cómo se realiza este tipo de operación. En la imagen se veía a un hombre desnudo sobre una estrecha plancha de metal inclinada. Sus piernas, brazos y cabeza colgaban hacia abajo. De su tripa salían cables largos que llegaban a las manos de un hombre vestido por completo con un traje azul. De su boca salía un tubo enorme y estaba rodeado de ordenadores y bañado por una luz blanca muy intensa. Parecía una imagen sacada de una película de ciencia ficción, como en *Matrix* cuando los tumban en una máquina y les enchufan unos cables enormes de la cabeza para llevarlos a una realidad virtual donde todo el mundo tiene cuerpos y vidas perfectas, aunque están muertos por dentro. Al ver esa imagen entendí por qué me había dolido tanto la espalda.

Hace unos meses se desató una polémica en internet porque una *influencer* gorda anunció que se iba a someter a una reducción de estómago y que iba a contar todo el proceso en redes sociales. Se operó y cobró una gran cantidad de dinero por publicitar y contar su experiencia. Fuimos varias activistas las que nos posicionamos en contra de esta campaña, así como de cualquier publicidad de este tipo de operaciones. Desde el feminismo se nos señaló como malas compañeras por juzgar y no respetar la libre decisión de una mujer. No sé qué es ser una buena compañera, pero sí sé que lucrarse y utilizar nuestro dolor para ganar dinero no es muy honesto. No me interesa lo más mínimo su libertad para someterse a algo así. Lo único que me importa es la mentira y el engaño, el uso intencionado del dolor de las personas gordas para hacer de él un negocio que arruina nuestras vidas y enriquece las suyas.

Una operación así te destroza la vida. No poder comer, vomitar continuamente y enfermar sin parar no son formas dignas de vivir. No me interesa ningún discurso que oculte esto. No sé si soy víctima o verdugo, lo que sé es que no va a quedar un espacio en el que no cuente mi historia por si ayuda a alguien a no repetirla.

Mi memoria vuelve a esa habitación del hospital de forma recurrente, me veo tumbada en la cama, hinchada y muy dolorida: «Todo ha salido bien». Todo ha salido bien. Me han amputado el estómago y el intestino.

Viene a verme poca gente, porque no le he dicho a nadie que me iba a operar. Me da vergüenza ser gorda y me da vergüenza que la gente sepa que no puedo dejar de serlo por mí misma. No se lo he contado a mis amigas y no se lo he dicho a mi nuevo grupo de la universidad. Me opero en primero de carrera, al acabar el primer cuatrimestre, justo después de los exámenes. Desaparezco unas semanas, me invento que tengo un viaje y unos pocos días después ya estoy de vuelta. Nadie sospecha nada.

Estamos en la habitación del hospital. Mi madre está preocupada porque tengo fiebre. Mi padre solo habla de comida. Veo cómo brillan sus ojos mientras describe lo que ha comido ese día y lo que va a comer el siguiente: croquetas, calamares, tortilla... Sonríe con cada alimento que pronuncia. Quiere ver mi reacción, porque yo no puedo comer. Voy a estar semanas sin poder hacerlo y, todavía no lo sé, pero voy a pasarme toda mi vida sin poder disfrutar de la comida. Desde ese momento la comida va a ser una gran gestión en los mejores momentos y un gran sufrimiento en los peores.

Mi padre se va. Cuando se despide me pregunta si quiero que me traiga algo: «¿Un bocadillo de bacon con queso?». Después de esta operación no puedes comer cosas sólidas, por eso la pregunta de mi padre es un chiste, solo que no tenía ni puta gracia.

El médico me dice:

—Tienes que aprender a comer, masticar mucho y comer despacio.

—¿Podré comer de todo?

—Sí, por supuesto. Solo tendrás que masticarlo muy bien.

Mentira.

18
MENTIRA

> Tiro la piedra de mi historia a una vasta grieta: midan el vacío por el poco ruido que hace.
>
> CARMEN MARÍA MACHADO

Siempre he sido una niña sana y tengo la suerte de venir de un linaje familiar donde hay pocas enfermedades, nuestros cuerpos son fuertes y resistentes. Mi familia resistió una guerra civil, resistió el hambre de la posguerra, sirvió a los ricos, migró y trabajó sin parar. En mi familia nuestros cuerpos están preparados para la dureza del mundo. Hasta que me operé, mi cuerpo siempre fue una roca, una montaña que todo lo podía. Desde mi operación mi cuerpo está defectuoso, falla a cada rato, enferma ante cualquier virus, se cansa y se desploma sin avisar.

Cuando me enteré de la muerte de Lisa Marie Presley, me pasé todo el día llorando y no pude compartirlo con nadie porque no sabía cómo explicarlo. ¿Cómo le explico a una amiga que tengo la certeza de que puedo morir pronto por causa de una complicación de mi operación? ¿Cómo comparto esto si todo el mundo dice que no hay riesgo alguno, que es un procedimiento sencillo que no tiene complicaciones? ¿Cómo justifico que yo decidí entrar a ese quirófano? ¿Cómo puedo quejarme si se supone que si eso pasara sería por mi culpa?

Recurro a internet a menudo para responder a estas preguntas y, aunque aparecen muchos resultados, pocos me dan respuestas. Internet está lleno de páginas web de clínicas privadas que ofrecen este tipo de cirugías, así como mangas gástricas y otras «soluciones». En todas se habla de una operación de poco impacto, sin riesgo y con una pronta recuperación. En todas aseguran que en unos meses se vuelve a hacer vida normal. Es imposible hacer vida normal si te falta la mayor parte del estómago, es imposible que todo vuelva a la normalidad después de haberlo dividido y haberlo unido con tu intestino. Si esto no lo hiciera gente con bata y guantes en un quirófano de luz brillante, lo llamaríamos mutilación.

Estas páginas simplifican y manipulan las complicaciones de la intervención. Lo hace también el personal sanitario, por interés o por ignorancia. Nadie cuenta abiertamente el riesgo que supone esta intervención. Tampoco las personas que hemos pasado por ahí lo contamos, por miedo, por pudor, o por todo un poco. Hasta hace poco yo tampoco lo contaba, ocultaba a mi entorno y a mí misma la mutilación y sus consecuencias en mi vida. Es difícil hablar de algo cuando sientes que no te van a comprender. Las probabilidades de ser cuestionada y juzgada son tan altas que nadie quiere exponerse a eso.

Para muchas, operarnos significa fracasar, significa aceptar que no somos capaces de hacer algo «tan sencillo» como adelgazar. Por eso callamos. Hay miles de personas operadas y miles de personas cuya calidad de vida se ha reducido y no decimos nada. Igual que pasaba antes de operarnos, el silencio sigue siendo nuestro compañero. Desde que he empezado a hablar de esto la gente me mira asustada. Lo entiendo, estoy rompiendo el pacto de silencio.

El bypass gástrico en Y de Roux puede producir graves complicaciones a largo plazo, como la obstrucción intestinal por adherencias. Esta fue la que mató a Lisa Marie y a muchas otras chicas. Pero hay más, son muchos los problemas que aparecen después de este tipo de operación. De hecho, al ser una cirugía relativamente nueva no podemos saber qué complicaciones traerá a largo plazo. Nuestro cuerpo es parte de un experimento que a nadie le importa en realidad. Las que nos operamos en los años 2000 fuimos las primeras, así que somos una incógnita. ¿Cómo envejeceremos?, ¿cómo afrontaremos las enfermedades que aparezcan sin un estómago y un intestino sanos y preparados?, ¿cómo es vivir cincuenta años sin estómago? Yo ni siquiera llevo veinte y mi cuerpo ya empieza a fallar.

Mariana den Hollander, una mujer operada de cirugía bariátrica como yo, dice en su libro:

> Me considero víctima de una negligencia médica internacional que no está estudiando y publicando información sobre los efectos de la cirugía bariátrica a largo plazo. Pero más allá de quién es el culpable o no, soy yo quien tengo que trabajar ahora la culpa que siento, la vergüenza y, sobre todo,

aprender a perdonarme y soltar el enfoque en esa decisión. Lo hecho, hecho está.[9]

También describe todas las posibles complicaciones que puede originar el bypass, que van desde enfermedades mentales, depresiones o cáncer de colon hasta la muerte. Leer sus palabras me produce terror, sé que todo lo que describe puede pasarme a mí y prefiero no saberlo. Aunque lo hecho, hecho está.

Una de las complicaciones que puede haber a corto plazo es el sangrado gastrointestinal, que quiere decir exactamente eso, que tu estómago o tu intestino herido empiezan a sangrar. Otra de las complicaciones posibles es que falle la línea de grapas que usan para separar el estómago útil del que nos han quitado. A veces fantaseo con esto, me imagino la sangre corriendo por el intestino, una sangre oscura, casi negra. Otras veces la sangre es roja y fresca y se expande entre mis órganos como si se estuviera abriendo en dos la costura del estómago.

Por ahora estas complicaciones pertenecen al mundo de mi fantasía, porque no las he sufrido, al menos aún. Pero sí peleo cada día contra uno de los efectos adversos más comunes: la desnutrición. La mayoría de nosotras vivimos desnutridas. Nos desnutrimos porque no recibimos la suficiente energía para vivir. Somos gordas y tenemos desnutrición. Parece una broma, pero en realidad es una condena.

La desnutrición es un desajuste entre lo que se ingiere y lo que se necesita. Se produce cuando se come menos de lo que se debería durante un tiempo prolongado y afecta gra-

---

[9] Hollander, Mariana den, *La cirugía que más pesa: Mi camino con manga y bypass gástrico.*

vemente a las funciones vitales. No solo las cirugías bariátricas generan graves problemas de desnutrición, las dietas también lo hacen. Sus síntomas son poca fuerza y energía para realizar actividades, cansancio generalizado, debilidad, palidez, escasa resistencia ante cualquier tipo de infección, retraso en el crecimiento en edad infantil, bajo rendimiento, mareos, tristeza y poco interés por el mundo que nos rodea. También puede provocar infecciones, fracturas, ausencia muscular, debilidad extrema ante cualquier tipo de esfuerzo pequeño, caída de pelo o retraso en la cicatrización de las heridas, entre otras cosas.

Nos han bombardeado con imágenes de niños y niñas racializados y desnutridos con mirada triste en medio de poblados sin agua ni luz. Una imagen opuesta a la vida en Europa, donde nos imaginamos niños, niñas y niñes saludables que juegan y son queridos. Aquí hablamos de la desnutrición de la gente que vive en los países a los que explotamos y robamos, y esto perpetúa la idea de que son países débiles a los que proteger. Que es una excusa para ejercer el control sobre ellos.

Las personas blancas nos hemos otorgado la salud como una cualidad que se puede conseguir a base de esfuerzo, como un rasgo de nuestra cultura. Lo hemos hecho en oposición a los cuerpos negros y marrones a los que desposeemos de la salud como excusa para domesticarlos. Porque la lógica de ocultar la violencia con la protección y la preocupación no es nueva.

La mayoría de las personas que conozco hacen dieta o la han hecho en algún momento de su vida. Hemos asumido que tenemos que controlar y vigilar lo que comemos cueste lo que cueste, ignorando las consecuencias que tiene en nuestra salud. Llamamos «cuidarse» a controlarse, y hablamos de «hábitos de vida saludable» en vez de dieta, pero la realidad es que estamos obsesionadas con controlar lo que comemos, aunque eso implique vivir cansadas y muertas de hambre.

Cuando me operé, nadie me contó que iba a tener anemia de forma permanente y que debería hacerme transfusiones de hierro cada seis meses. El déficit de hierro es habitual en las víctimas de cirugía bariátrica. Cuando una persona con un estómago sano tiene el hierro bajo, lo normal es que tome pastillas con una pequeña dosis de hierro que complementa ese déficit. Lo que nadie cuenta es que las personas bariátricas no absorbemos tampoco las pastillas, por eso no sirve de nada que tomemos complementos vitamínicos.

He probado muchos tipos diferentes de hierro y con todos me mareo y tengo náuseas. El hierro es muy agresivo para cualquier estómago, pero lo es más para las personas bariátricas. Tampoco puedo aumentar el hierro con una dieta rica en él, porque mi estómago no lo absorbe. El déficit de vitamina B es otro problema, y sus principales consecuencias son la depresión y la ansiedad. También podemos tener déficit de tiamina. Yo tengo de manera continuada un déficit de hierro, ácido fólico y vitamina B12, lo que me ha llevado a conocer todos los herbolarios y farmacias en busca de nuevos complementos vitamínicos que pueda digerir.

En operaciones como la mía se reduce el intestino para reducir la capacidad de absorción, porque así se consigue que no se absorban las grasas. El problema es que esta mala absorción afecta a todo lo que consumimos, no solo a las grasas, sino también a las proteínas, vitaminas, hidratos, minerales...

Desde mi bypass ya me han realizado una colonoscopia, me han pedido cuatro muestras de heces, he sufrido doce infecciones de estómago, me he tratado contra el helicobacter, he realizado tres pruebas de aliento y me han sacado sangre tantas veces que he perdido la cuenta. Hago listas en mi móvil de todas las pruebas médicas que me hago y de las veces que acudo a urgencias, porque yo me operé para mejorar mi salud y ahora me he convertido en una enferma crónica.

Mi padre tiene sesenta y tres años y cada vez que va al médico le ofrecen operarse, igual que hicieron conmigo. Pero mi padre no quiere. Cuando le pregunto por qué no me contesta, porque si fuera sincero me diría que tiene miedo y que no desea que le ocurra lo que me pasó —lo que me pasa— a mí. Últimamente le han recomendado otro tratamiento: OZEMPIC.

Ozempic es un medicamento recetado inyectable para adultos con diabetes tipo 2 que sirve para mejorar el nivel de azúcar en la sangre (glucosa). En los últimos años se ha puesto de moda recetarlo a las personas gordas para que pierdan peso. A mí también me han recomendado que tome un medicamento para la diabetes, porque adelgaza.

Esta medicación disminuye la velocidad con la que se digiere la comida y da sensación de saciedad. Además, aumenta la sensibilidad a la insulina y mejora tanto el metabolismo de la glucosa como los niveles de azúcar en sangre. Vamos, que te quita el hambre. Me suena.

Parece que algo está fallando con esta medicación. Son demasiados los efectos secundarios: náuseas, diarrea, dolor de cabeza, vómitos o hipoglucemia. Y, cuando dejas de tomarlo, engordas. Muchas personas abandonan el tratamiento por el malestar tan fuerte que sienten. Nuestro cuerpo no es una máquina, no podemos manipularlo a nuestro antojo. De pequeña soñaba con que inventaran una medicación que pudiera tomarse por la noche y me hiciera amanecer delgada. Pues ya está aquí, solo que yo ya no soy una niña triste que piensa que será feliz cuando adelgace, que es capaz de torturar a su cuerpo para estar delgada.

Poco tiempo después de operarme se puso de moda una intervención parecida a la mía: el balón gástrico. El objetivo es parecido pero reversible. En esta operación se introduce un globo de silicona en el estómago y se rellena de una especie de suero para reducir el tamaño que queda libre. A los seis meses o al año se quita el balón. Sí, hay personas que viven con un globo lleno de un líquido denso dentro de su estómago para no comer. Aunque es menos invasivo, también es menos efectivo, conozco muchas personas que, después de quitárselo, engordaron más. Como no funciona a largo plazo, hay gente que lo utiliza de manera habitual, como un tratamiento permanente: se ponen el balón unos meses, se lo quitan y cuando vuelven a engordar se lo ponen de nuevo. En internet he encontrado varios testimonios de gente que denuncia haber vomitado el balón.

Cuando mi madre empezó a informarse sobre este tipo de operaciones, le ofrecieron otro tipo de intervención: la manga gástrica. En este caso se reduce el estómago, pero no el intestino, y por lo tanto solo se reduce la cantidad de comida que se puede comer, sin alterar la capacidad de absorción de nutrientes. Dividen el estómago en dos utilizando grapas, que se quedarán dentro del cuerpo, y separan la parte del estómago que funciona de la que no. Una de las complicaciones más comunes es que las grapas se abran, o, dicho técnicamente, que se produzca una filtración por parte de la línea de grapas de una parte del estómago a la otra. A la manga gástrica también se le llama «sleeve» o «tubo gástrico». Otra vez palabras que no dicen nada.

Estoy rodeada de personas que han pasado por este tipo de procesos, mi caso no es una excepción. En este tiempo he conocido a gente que ha hecho cosas que al ponerle palabras dejan de tener sentido. Hay personas que se instalan un bloqueador de mandíbula mediante imanes en los dientes para no abrir la boca.[10] También hay quienes se ponen una malla en la lengua mediante grapas o puntos de sutura para inmovilizarla y que comer sea doloroso.[11] Otro invento es poner un muñeco en la nevera que grita cada vez que esta se abre. Tengo amigas a las que sus nutricionistas les recomendaban poner fotos de focas y vacas en la comida que no deberían comer, o fotos de mujeres delgadas en la nevera para no perder de vista su objetivo. Muchas otras ponen notas en la comida con mensajes de peligro o se instalan aplicaciones en el móvil para leer las etiquetas y saber qué puedes comer o no.

---

[10] https://www.larazon.es/sociedad/20210629/rq6vbgnl7ravdgixrw56ybjjmu.html
[11] https://www.clinicadentalequipodelatorre.es/blog/los-peligros-de-la-dieta-del-parche-lingual/

19

CONSENTIMIENTO

> Las cosas importantes se comprenden solo después de que nos han ocurrido, cuando ya hemos sido transformados por ellas.
> A veces me acuerdo de esa tarde y siento miedo. Miedo de lo que somos justo antes de que una experiencia nos cambie.
>
> Mónica Ojeda

Mientras escribo este libro, le pido a mi madre que busque el sobre con los documentos que hemos guardado durante años, lo abro y leo: «DOCUMENTO DE CONSENTIMIENTO INFORMADO PARA CIRUGÍA DE LA OBESIDAD». Aunque no lo recuerdo con nitidez, sé que firmé un documento para aclarar que comprendía lo que estaba haciendo, pero han pasado diecisiete años y todavía no entiendo exactamente en qué consiste este tipo de operación, ni conozco bien sus consecuencias. ¿Cómo iba a comprender algo de todo esto con diecinueve años?

Leo detenidamente el documento. En él dice que el doctor me explicó cuál era mi situación, también dice que el mejor tratamiento posible para mí era la operación. A la mutilación le llaman «tratamiento quirúrgico de la OBESIDAD», sin especificar el tipo de operación. Me molesta que lo llamen tratamiento, no es una pastilla que me tengo que tomar en ayunas cada mañana.

En ese documento se describe el tipo de intervención y se explica que su único objetivo es conseguir la pérdida de peso. Este es el único documento que tengo en el que se explica en qué consiste la operación. Exactamente pone:

> Mediante este procedimiento se va a reducir la capacidad de mi estómago, o desviar el alimento en el intestino de forma que no va a pasar por todas sus partes, o ambas cosas. Con esto se intenta disminuir el volumen de alimento que preciso para encontrarme satisfecho, una disminución en la absorción de nutrientes, o ambas cosas.

¿A qué partes se refiere?, ¿adónde se va a desviar el alimento?, ¿qué va a pasar con las partes que sobran?, ¿cuál es el volumen necesario para sentirse satisfecho? El texto está escrito de forma vaga e imprecisa y esto me genera confusión. Hace falta algo más que un documento lleno de palabras incomprensibles para entender lo que le pasa al cuerpo después de algo así.

A ese texto lo acompaña otro que dice así:

> Comprendo que a pesar de la adecuada elección de la técnica y de su correcta realización pueden presentarse efec-

tos indeseables, tanto los comunes derivados de toda intervención y que pueden afectar a todos los órganos y sistemas, como otros específicos del procedimiento; poco graves y frecuentes: infección o sangrado de herida quirúrgica. Flebitis. Alteraciones digestivas transitorias. Retención aguda de orina. Derrame pleural. Dolor prolongado en la zona de la operación, o poco frecuentes y graves: infección o sangrado intrabdominal. Fístulas intestinales por fallo en la cicatrización de las suturas. Alteraciones digestivas definitivas como diarreas o vómitos. Déficit nutricional. Pérdida excesiva de peso. Estrechez de las anastomosis. Fallo del procedimiento con no reducción del peso. El médico me ha explicado que estas complicaciones habitualmente se resuelven con tratamiento médico (medicamentos, sueros, etcétera) pero pueden llegar a requerir una reintervención, generalmente de urgencia, incluyendo un riesgo de mortalidad.

Aunque lo indica al final del texto, el médico no me explicó nada de esto, solo me dijo que las posibles complicaciones eran las habituales derivadas de entrar a un quirófano y someterse a una intervención, no me habló nunca de deshidratación, desnutrición, anemia o depresión. No me lo dijo y tampoco aparece recogido en el documento. Es una información que se oculta conscientemente.

En el sobre hay más documentos: el informe de la UCI, el dibujo hecho a mano del sistema digestivo mutilado y un folio con varios dibujos de torso de mujer. Es un torso delgado que se repite cuatro veces en el folio. En el cuerpo de la mujer hay líneas dibujadas alrededor de la tripa y abajo pone escrito a mano: «Abdominoplastia». El doctor me propuso varias veces someterme a una operación para acabar con la piel que se quedaría colgando. Recuerdo a mi madre diciéndome que no me preocupase por el dinero, que si lo necesitaba más adelante podría hacérmela. Nunca más volvimos a hablar del tema.

Busco en Google «abdominoplastia»: es una intervención quirúrgica para eliminar piel y grasa de la parte media e inferior del abdomen. Miro mi tripa, no hay piel colgando, ni una cicatriz; hay una tripa grande y redonda. Me alegro de que esté ahí.

20
APTA

> Mi cuerpa, mi primera enemiga. Años extranjera a su existencia, no reconociendo mi autoimagen, menos mi autoestima.
>
> Constanzx Álvarez Castillo

Decidí operarme en enero de 2007 y entré a quirófano en marzo del mismo año. Pasaron solo dos meses. En ese tiempo tuve que hacerme un montón de pruebas, ir de arriba abajo por oscuros hospitales de Madrid. Si pagas, puedes conseguir que te hagan cualquier prueba rápidamente; si no, en esta ciudad tendrás que esperar entre uno y dos años. Podría haberme hecho las pruebas por la seguridad social, pero tardarían meses o quizá años y lo que no teníamos era tiempo. En ese momento sentíamos una urgencia enorme. De pronto se volvió imprescindible hacerlo todo deprisa, no había tiempo para pensar. Los médicos habían amenazado a mi madre con terribles consecuencias para mi salud si no adelgazaba y yo sentía que mi cuerpo me estaba consumiendo.

En un mes y medio me hicieron una endoscopia digestiva alta para revisar el estado de mi estómago y descartar úlceras o infecciones. Me metieron un tubo enorme desde la boca hasta el esófago mientras me esforzaba por no vomitar. Me realizaron una prueba de contraste en la que tuve que beber unos líquidos asquerosos y luego me hicieron una radiografía para ver mi aparato digestivo de diferentes colores. Además de un electrocardiograma, una radiografía de tórax, una ecografía abdominal, análisis de sangre y una prueba psicológica.

No sé qué pretendían con esta última. Recuerdo que duró apenas unos minutos. Me acompañó mi madre, que se quedó fuera. Cuando entré, otro señor con bata blanca me preguntó los motivos por los que quería operarme y si estaba segura, le dije que sí y puso APTA en el informe.

Fue el momento de mayor inestabilidad que he pasado en mi vida, me encontraba emocionalmente destrozada y mi salud mental se encontraba por los suelos, pero a ese doctor nada de eso pareció importante. Decidí operarme porque no me sentía bien, porque sufría mucho. ¿De verdad a ninguna persona adulta se le ocurrió decirme «no lo hagas»?

«Para. No lo hagas, espera un momento. ¿Cómo estás? ¿Qué te pasa?».

Sé que no era fácil hablar conmigo entonces. En general, no es fácil hablar con una adolescente que sufre. Sé que la gente veía mi dolor y no sabía qué hacer con él. Igual que yo. Quizá habría sido distinto si alguien me hubiese hablado de gordofobia. ¿Qué hubiese pasado si en ese momento hubiera existido la página de Facebook «Stop gordofobia»? ¿O si alguien me hubiera regalado el libro de Virgie Tovar *Tienes derecho a permanecer gorda?* No había activistas en esa época gritando que era injusto lo que me estaba pasando, lo que nos estaba pasando a muchas. Tampoco sé si hubiera sido capaz de escuchar su mensaje.

Cuando me operé, para nadie de mi entorno era una opción ser gorda. A finales de los noventa y principios de los 2000 no había en España ni una sola voz que dijera en alto que se podía ser gorda, y mucho menos que se enfrentara directamente al maltrato y violencia que recibíamos. En esa época, el insulto y la humillación hacia nosotras era aplaudido y vitoreado. Las personas gordas vivíamos con el insulto atado al cuerpo. No lo cuestionábamos, o, al menos, yo nunca lo hice. Me pregunto por qué. Nunca pensé que yo pudiera pararme delante de alguien y defenderme. Tampoco pensé que pudiera responder a los comentarios preocupados de mi abuelo o a los comentarios maliciosos de mi abuela. No sé qué hubiera hecho de haber sabido que había otra forma de vivir siendo gorda diferente a la dieta y el sufrimiento.

He vivido siempre rodeada de personas gordas, toda mi familia es gorda y las amigas de mi familia eran gordas. Ninguna de todas esas personas que había a mi alrededor habló nunca con orgullo de su gordura. Busco en mi mente referencias por si se me hubiese escapado algo y no encuentro nada. No lo encuentro porque no lo había. Todas las personas querían dejar de serlo y hacían todo lo posible por ello.

Cuento todo lo que hice yo para intentar adelgazar, pero podría enumerar los intentos similares que hacía la gente de mi entorno. He visto a mis tías, vecinas y amigas comprar cajas de batidos carísimos y asquerosos y alimentarse solo de eso; envolverse los brazos y la tripa con escayola para adelgazarlos; o pasar catorce y dieciséis horas sin comer. ¿No es más fácil aceptar que somos gordas que vivir en esta pelea constante con nuestro cuerpo?

Todas estas personas siguen siendo gordas. Lo han intentado todo y siguen siendo gordas. Como yo. Son las mismas personas que me acompañaron cuando tomé la decisión de operarme, por eso no podían decirme que parara. Todas creían que no teníamos derecho a ser gordas, que teníamos que esforzarnos por no serlo. Costase lo que costase.

Para poder cambiar nuestras ideas del mundo necesitamos que haya un espacio en el que quepan las nuevas creencias. El mundo tiene que estar abierto y disponible a que cambie el pensamiento. En esa época no cabía nada más que el rechazo. Aunque algo estaba empezando a moverse.

No guardo ningún tipo de rencor hacia la gente que estaba a mi alrededor en ese momento, ni a quienes me animaron a hacerlo, todo lo contrario, entiendo lo que hicieron y tengo mucha suerte de que estuvieran ahí. Hicieron lo que pudieron y lo que sabían. No solo no estoy enfadada con ellas, sino que estoy profundamente agradecida, porque, igual que me animaron a tomar la peor decisión de mi vida, han cogido mi mano cuando he decidido dejar de intentar adelgazar y vivir como soy. Cuando les expliqué que no iba a hacer más dietas me apoyaron, igual que cuando les dije que iba a investigar sobre gordofobia me alentaron a ello. Mi madre ha estado presente en todos mis proyectos, charlas, fanzines, pódcast y obras de teatro. Empezamos este viaje juntas y en él seguimos.

Gracias a que mi madre y mis amigas quisieron saber más sobre lo que les contaba y a que no pusieron cara de espanto cuando pronunciaba la palabra GORDOFOBIA, dejé de ponerla yo al decirla también. Gracias a que mi entorno no tuvo miedo a mi decisión de vivir siendo gorda sin pedir perdón por serlo, es por lo que hoy estoy convencida de que no hay nada malo en mi cuerpo ni en el del resto de las personas gordas. Y gracias a eso tengo una fuerza imparable para reaccionar y responder ante cada violencia hacia mí y hacia otras personas gordas.

No sé qué tipo de criterio se puede usar para medir si una persona reúne las capacidades mentales y emocionales para enfrentarse a una cirugía bariátrica. Hace diecisiete años yo no estaba preparada para todo lo que supuso reducir mi estómago al tamaño de una nuez y conectarlo con mi intestino perdiendo el 40 % de su capacidad de absorción. ¿Acaso hay alguien preparado para esto? ¿Cómo se prepara a alguien para esta pérdida?

Nadie puede decir que está preparado para esto a no ser que desconozca lo que está pasando en realidad. Hasta hace muy poco no he entendido cómo es mi aparato digestivo. No es que no me lo hubieran contado, me lo contaron, pero no lo hicieron bien. Le he preguntado a mucha gente operada si sabe exactamente lo que le hicieron, si sabe en qué consistía la operación y cómo es ahora su estómago y su intestino. Nadie tiene claridad sobre esto. Yo lo sé porque me he propuesto contároslo y contármelo.

No sé cómo sigo viva. No sé cómo se puede vivir con mi estómago, ni cómo se me ocurrió entrar al quirófano y mutilar mi cuerpo. No sé cómo decidimos pedir un crédito para lograr todo esto. Ni por qué seguimos consintiendo que les pase a otras personas cada día.

21

HUECOS

> All I want to say is that they don't really care about us.
>
> Michael Jackson

El cuerpo roto, los órganos cosidos, la desnutrición, el hambre que no acaba, las diarreas... Todas ellas son consecuencias físicas de la mutilación, y necesito comprenderlas bien para reducir el miedo. Cada cierto tiempo voy al médico, preocupada, y enumero los síntomas que sufro, pero no suele servir de nada. Me mandan a diferentes especialistas, me hacen alguna prueba y muchos análisis, pero nadie me da una respuesta suficiente, una respuesta que me calme. «Hija, qué quieres, eso le pasa a todo el mundo que tiene un bypass», es, a veces, la respuesta.

Detrás de ese tipo de frases que me repiten a menudo encuentro un regusto a castigo. Pienso que la frase podría continuar perfectamente así: «Si no supiste controlarte y cerrar la boca, ahora tendrás que atenerte a las consecuencias». Sé que mis problemas de salud son producto de la decisión que tomé hace años y que las preguntas que me hago ahora debí habérmelas hecho en ese momento. Pero, aun así, quiero saber.

El sistema sanitario nos abandona después de pasar por el quirófano, pero yo no voy a abandonarme por haber tomado una mala decisión en el pasado. No me dieron la información en su momento y yo tampoco la busqué. Las historias de las personas con cirugía bariátrica están llenas de vacíos, huecos que elegimos no llenar nosotras mismas por no ser capaces de aceptar lo que permitimos y las consecuencias que tiene hoy en nosotras. Y huecos creados por quienes se benefician de mentirnos y engañarnos, aprovechándose del miedo y del odio que existe hacia nuestros cuerpos. Nos falta mucha información sobre lo que nos ha pasado y es muy difícil encontrarla.

Desde pequeña necesito entender por qué pasan las cosas, comprenderlas me tranquiliza. Necesito rellenar esos vacíos que hay en mi historia, los huecos de mi cuerpo, por eso he dedicado muchos meses a investigar y a leer sobre los diferentes síntomas, las consecuencias a medio y largo plazo de lo que soy hoy. He leído artículos académicos, he preguntado a ChatGPT, he visto demasiados vídeos de testimonios en YouTube, he preguntado a todas las personas del ámbito sanitario que he encontrado.

Investigar sobre el cuerpo me resulta especialmente difícil, ya que nunca tuve especial interés en las ciencias o en conocer el cuerpo humano en detalle más allá de lo que por norma aprendemos en el instituto. El mundo que hasta hace poco me interesaba estaba fuera de mí, no dentro. Pero ahora siento que hay un mundo bajo mi piel que me grita para que lo escuche y comprenda.

A lo largo de la investigación y del activismo que vengo haciendo desde hace años, he conocido a muchas personas que han pasado por procesos parecidos al mío. La mayoría de ellas sufren las mismas complicaciones que yo, sin embargo, muchas no reconocen estas situaciones como problemáticas, sino que las han asumido como normales, como el precio a pagar. Nos acostumbramos a vivir a medias, aceptamos el dolor y la enfermedad sin rechistar. Yo he estado mucho tiempo en ese lugar, ignorando lo que me pasaba, viviendo de puntillas, mirando hacia otro lado, quitándome importancia. Minimizar lo que nos pasa, acostumbrarnos al dolor, ignorar el hambre es una forma de vivir pequeña y sumisa.

Es muy difícil hacerse cargo de una decisión así, por eso he querido crear aquí un pequeño mapa de conceptos que ayude a entender lo que nos pasa. Un mapa para comprender la dimensión física y emocional que tiene una intervención así, tanto si la sufres como si acompañas a gente que vive en esta situación o si, simplemente, te interesa romper el pacto de silencio que enmascara este tema.

Sistema digestivo

El sistema o aparato digestivo se compone de trece órganos: esófago, estómago, hígado, vesícula biliar, duodeno, páncreas, intestino delgado, intestino grueso, apéndice, recto y ano. Y se divide en cuatro partes: tracto digestivo, el hígado, el páncreas y la vesícula biliar. Todas las partes cumplen funciones imprescindibles para procesar y absorber los nutrientes necesarios para tener una vida sana.

Las cirugías bariátricas afectan directamente a uno o a los dos órganos más importantes del sistema digestivo: el estómago y el intestino.

Estómago

El estómago es un órgano hueco y su función es la de recibir los alimentos, mezclarlos con los jugos gástricos, descomponerlos y transportarlos al intestino delgado. Se divide en cinco partes:

Cardias: está ubicado en la parte superior del estómago. Contiene el esfínter esofágico inferior, un anillo muscular que impide que los alimentos vuelvan hacia el esófago.

Fondo: es una estructura redondeada que se encuentra junto al cardias. Está situado debajo de los músculos del diafragma. Se encarga de producir grelina, la hormona encargada de regular el apetito.

Cuerpo: es la parte más grande del estómago. Aquí es donde se contraen los músculos del estómago y este empieza a mezclar los alimentos con los jugos gástricos.

Antro: está debajo del cuerpo del estómago. Su función es retener los alimentos hasta que el estómago esté listo para enviarlos al intestino delgado.

Píloro: es un anillo de tejido que controla el tiempo y la cantidad de comida que pasa al intestino delgado.

Después de un bypass gástrico la mayor parte del estómago, incluidos el fondo, el cuerpo, el antro y el píloro, queda aislada del tránsito de alimentos. Esto significa que estas partes dejan de cumplir la función de almacenar y procesar alimentos. Siguen produciendo jugos gástricos y secreciones, pero ya no están involucradas directamente en la digestión.

Intestino delgado

El intestino delgado es un órgano muy largo conectado con el estómago y el intestino grueso. Mide alrededor de seis metros y tiene tres partes: el duodeno, el yeyuno y el íleon. Su función es continuar el proceso de la digestión de los alimentos que vienen del estómago y absorber los nutrientes (vitaminas, minerales, carbohidratos, grasas y proteínas) y el agua para usarlos en el cuerpo. Además, los tres segmentos del intestino delgado absorben agua y electrolitos.

El bypass gástrico afecta tanto al duodeno como al yeyuno, que es donde se absorben los carbohidratos, las proteínas, la mayoría de las grasas, el agua y los electrolitos.

Efluvio telógeno

El estrés al que se somete el cuerpo en este tipo de intervenciones puede provocar un fenómeno llamado «efluvio telógeno», donde los folículos pilosos (el hueco de la piel por el que crece el pelo) entran en una fase de reposo prematura, provocando la caída del pelo.

Otro motivo por el que se puede caer el pelo tras las

cirugías bariátricas es porque afectan a la absorción de nutrientes esenciales, como las proteínas, el hierro, el cinc y las vitaminas del complejo B, entre otros. Estos nutrientes son necesarios para que el pelo crezca y esté fuerte, ya que, sin ellos, los folículos pilosos se debilitan y el pelo empieza a caerse.

Además, la pérdida de peso tan rápida causa cambios hormonales que pueden desestabilizar el ciclo de crecimiento del pelo, contribuyendo aún más a su caída. Como el pelo no es una prioridad vital para el cuerpo, este es uno de los primeros en sufrir cuando hay escasez de nutrientes.

Saliva

Después de una cirugía bariátrica la saliva se vuelve más ácida y desgasta los dientes mucho más rápido. Al cambiar la anatomía del sistema digestivo, cambia la forma en que se produce y regula el ácido gástrico. Y, aunque el estómago se reduce, la producción de ácido no lo hace. Al tener menos espacio, el ácido sube al esófago, haciendo más ácida la saliva y aumentando el riesgo de reflujo ácido o enfermedad por reflujo gastroesofágico.

También sucede que, después de estas intervenciones, producimos menos saliva y el ambiente bucal es más ácido porque hay menos saliva para neutralizarlo.[12]

---

[12] Moura-Grec, P. G., Yamashita, J. M., Marsicano, J. A., Ceneviva, R., Leite, C. V. de S., Brito, G. B., y Sales-Peres, S. H. C. (2014). Impact of bariatric surgery on oral health conditions: 6-months cohort study. *International Dental Journal*, 64(3), 144–149. https://doi.org/10.1111/idj.12090

Sarcopenia

La sarcopenia es la pérdida progresiva de masa muscular y fuerza. Normalmente sucede cuando envejecemos, pero también nos pasa a quienes pasamos por estas cirugías, ya que cuando se pierde peso tan rápido, no solo se pierde grasa, sino también masa muscular. Esta pérdida se debe a que, al reducir la ingesta de calorías, el cuerpo recurre al tejido muscular como fuente de energía.

Después de la cirugía bariátrica disminuye considerablemente la ingesta de proteínas, que son esenciales para el mantenimiento y reparación del tejido muscular. También se reduce la absorción de vitamina D, de calcio y de vitamina B12, que son imprescindibles para la salud muscular.

Por último, pueden producir sarcopenia los cambios hormonales, ya que las hormonas que regulan el crecimiento y la regeneración muscular, como la testosterona y la hormona del crecimiento, pueden verse afectadas. Además, las hormonas metabólicas, como la insulina y la leptina, que controlan el metabolismo energético y el apetito, también pueden experimentar alteraciones que impactan negativamente en la composición corporal y la masa muscular.

Kogawa, E. M., Melo, F. F., Pires, R. G., S. M., et al. (2024). The changes on salivary flow rates, buffering capacity and chromogranin A levels in adults after bariatric surgery. *Clinical Oral Investigations, 28*(1), 159. https://doi.org/10.1007/s00784-024-05551-3

UCLA Health (n.d.). *Reflux after sleeve gastrectomy*. Retrieved October 30, 2024. https://www.uclahealth.org/medical-services/surgery/bariatrics/obesity-treatments/reflux-after-sleeve-gastrectomy

Reflujo

Aunque las personas operadas de bypass tienen más probabilidades de desarrollar reflujo biliar que las no operadas. En el caso de las operadas con manga gástrica las probabilidades de tener reflujo gastroesofágico son mucho mayores.[13] En el primer caso, el reflujo se produce porque la bilis asciende desde el intestino delgado hasta el estómago y el esófago más fácilmente. En el caso de la manga gástrica se reduce el estómago a un tubo tan estrecho que aumenta la presión intragástrica y el ácido empuja con más facilidad hacia el esófago. Además se pierde el ángulo de His, que es el formado entre el esófago y el fondo gástrico en la unión gastroesofágica. Su función principal es actuar como una barrera antirreflujo natural, impidiendo que el contenido ácido del estómago regrese al esófago. También se altera el vaciamiento gástrico, favoreciendo su aparición.

Aunque no todos los pacientes desarrollan reflujo, estudios indican que del 30 % al 50 % de los pacientes pueden presentarlo. En estos casos, el tratamiento incluye inhibidores de la bomba de protones, cambios en la dieta y, en casos severos, conversión a bypass gástrico, que suele mejorar el reflujo.

---

[13] Quintero, Laura; Luna-Jaspe, Carlos; Luna, Rubén; Cabrera, Luis F., y Pedraza, Mauricio. Evaluación del reflujo gastroesofágico después de manga gástrica estandarizada con el Gastroesophageal Reflux Disease Questionnaire (GerdQ).

Huesos

La cirugía bariátrica no solo afecta a los músculos, sino que debilita el tejido óseo y esto hace que se tenga mayor propensión a la rotura de los huesos. Varios estudios retrospectivos han demostrado que hay un incremento en el riesgo de fractura en quienes han sido sometidos a cirugías bariátricas.[14]

Uno de los motivos por los que se produce esta fragilidad es la falta de calcio y de vitamina D. El calcio es fundamental en la resistencia y mineralización de los huesos. La vitamina D también es crucial en el metabolismo óseo, ya que es una vitamina que se absorbe en el yeyuno y el íleon, partes del intestino que se excluyen en determinadas cirugías bariátricas. El 44 % de las personas con bypass tienen déficit de esta vitamina.

Se está estudiando también cómo afecta la mala absorción de otros nutrientes y minerales a esta fragilidad. Por ejemplo, la deficiencia de magnesio se asocia a un descenso de masa ósea, y resulta que el 32 % de personas con bypass tienen déficit de magnesio. La vitamina C y ciertos oligoelementos, como el cobre, el magnesio y el cinc, actúan como cofactores en el proceso de síntesis de la proteína en la matriz ósea, por lo que su deficiencia también aumenta el riesgo de fragilidad. Además se ha encontrado relación entre el déficit de hierro y el riesgo de fractura, ya que este déficit favorece la desmineraliza-

---

[14] Botella Martínez, Sonsoles; Petrina Jáuregui, Estrella, y Escalada San Martín, Javier. Impacto de la cirugía bariátrica en el tejido óseo (2019). *Endocrinología, Diabetes y Nutrición*.

ción ósea. Y alrededor del 20% de personas operadas de bypass tienen déficit de hierro.

Por si no fuera suficiente, la pérdida significativa de peso reduce la carga mecánica en los huesos, lo que puede aumentar los niveles de esclerostina y disminuir la formación de hueso, contribuyendo a la fragilidad ósea en estos pacientes.

Factor intrínseco

Es una glicoproteína producida en el estómago que se encarga de la absorción de la vitamina B12. El factor intrínseco se genera en el estómago junto con el ácido clorhídrico, y, cuando la vitamina B12 llega al estómago, se produce una mezcla que viaja al intestino delgado, de ahí pasa a la sangre y se distribuye por el cuerpo. Al reducir el estómago, se reduce también su capacidad de producir esta glicoproteína, y por lo tanto de absorber esta vitamina.

Vitamina B12

A la mayoría de las personas operadas se les recomienda tomar B12 para suplir el déficit provocado por la menor cantidad de factor intrínseco que produce el estómago y porque, con el bypass gástrico, el duodeno y una porción del yeyuno dejan de funcionar bien y es ahí donde normalmente se absorbe esta vitamina. Es imprescindible tomar suplementos masticables y, si no hacen efecto, se debe inyectar una vez al mes. En el caso del bypass, al menos el 20% de las personas desarrollan este déficit entre los dos y los cinco años posteriores a la operación.[15]

Para asegurar unos niveles correctos de vitamina B12 deben someterse a revisiones y análisis exhaustivos periódicamente, aunque se estima que entre el 24% y el 60% de los y las pacientes dejan de asistir a sus seguimientos médicos después del primer año.[16]

Tener niveles bajos de vitamina B12 puede causar graves problemas de salud, como fatiga, debilidad, problemas neurológicos, deterioro cognitivo, depresión y cambios de humor, problemas digestivos, anemia, glositis e inflamación oral, debilidad muscular, problemas visuales o problemas cardiacos.

GLUTATIÓN

El glutatión es el principal antioxidante del cuerpo. Protege de enfermedades metabólicas y del deterioro cognitivo. Es una molécula que está en todas las células del

---

[15] American Society for Metabolic and Bariatric Surgery. *Integrated health nutritional guidelines for the surgical weight loss patient 2016 update: Micronutrients. Surgery for Obesity and Related Diseases.*

[16] American Academy of Family Physicians. *Caring for patients after bariatric surgery. American Family Physician.*

AdventHealth (n.d.). 6 reasons following care is important after bariatric surgery. https://www.adventhealth.com/practice/adventhealth-weight-loss-and-baria tric-surgery/blog/6-reasons-follow-care-important-after-bariatric-surgery

American Society for Metabolic and Bariatric Surgery (n.d.). Life after bariatric surgery. https://asmbs.org/patients/life-after-bariatric-surgery/

cuerpo y que cumple una función fundamental en su desintoxicación, ayuda a que se mantenga un buen sistema inmune y se encarga de evitar la oxidación del cuerpo. Es una sustancia imprescindible para conservar una buena salud.

Después de las cirugías bariátricas suele bajar la producción de glutatión del organismo, aumentando la posibilidad de infecciones. Las reservas de glutatión bajan debido al aumento del estrés oxidativo, a los cambios metabólicos y a la inflamación postoperatoria. La deficiencia de vitaminas y minerales como la vitamina B6, B12 y el selenio, derivada de la cirugía, también afectan a la producción de glutatión. Lo mismo sucede con algunos aminoácidos necesarios para su síntesis.

Este déficit afecta al sistema nervioso central, que es muy vulnerable a la oxidación. Y se asocia con enfermedades neurodegenerativas como el alzhéimer y el párkinson, en las que la oxidación es responsable de que progresen. También afecta a la capacidad del hígado para eliminar toxinas, lo que provoca una acumulación de sustancias nocivas en el cuerpo y contribuye al desarrollo de enfermedades hepáticas como la hepatitis y la cirrosis. Esto se debe a que, sin un nivel adecuado de glutatión en el hígado, este no puede manejar el estrés oxidativo y las toxinas. Además puede contribuir a la degradación de proteínas musculares y derivar en sarcopenia o afectar a los pulmones, provocando la enfermedad pulmonar obstructiva crónica o asma.

Malabsorción

La malabsorción fruto de la cirugía no afecta solo al alimento que se ingiere, sino que también altera la absorción de algunos medicamentos, como los antidepresivos, los anticonceptivos orales y los suplementos vitamínicos. Esto hace que la absorción de medicamentos sea menos predecible y que sea necesario un ajuste en las dosis de algunos tratamientos, cosa que no suele tener en cuenta el personal sanitario. Concretamente pasa con algunos antidepresivos, como la sertralina, cuyo efecto puede reducirse hasta un 60 % en personas con bypass gástrico.[17]

Además, los analgésicos como el ibuprofeno, el naproxeno o la aspirina y algunos suplementos como los bifosfonatos pueden causar efectos adversos locales, como úlceras.

Salud mental

Un estudio que siguió a siete personas gordas durante dos años después de la cirugía demostró que su salud mental mejoró al principio, pero después volvió a los niveles anteriores. Además hubo dos muertes por abuso de alcohol y tres por suicidio.[18]

Diferentes investigaciones alertan sobre el riesgo de desarrollar algún tipo de trastorno por consumo de al-

---

[17] https://www.rinconbariatrico.com/cirugia-bariatrica-y-depresion-un-secreto-a-voces/
[18] Ídem

cohol en personas con cirugías bariátricas. Se estima que aproximadamente un 20 % de las personas operadas aumentan el consumo de alcohol o desarrollan alcoholismo en los años posteriores a la cirugía.

Esto se asocia a diferentes causas, entre las que se encuentran los cambios a la hora de metabolizar el alcohol. Después de una intervención así, el cuerpo absorbe el alcohol más rápido, intensificando su efecto y aumentando el riesgo de dependencia en algunas personas. También hay una hipótesis que plantea que los cambios inducidos por las cirugías bariátricas hacen que aumente la sensibilidad al alcohol. Además se habla del fenómeno de «transferencia de adicción», consistente en el traspaso de la dependencia de la comida a una dependencia al alcohol después de la cirugía.[19]

Suicidio

Los estudios muestran que las personas con cirugías bariátricas tienen más riesgo de suicidio y autolesiones que la población general. En una investigación realizada en Estados Unidos a lo largo de diez años, las tasas de suicidio fueron de 13,7 por cada 10.000 hombres y 5,2 por cada 10.000 mujeres operadas. Una cifra mucho más alta que la de la población general, donde las cifras para hom-

---

[19] King, W. C., Chen, J. Y., Mitchell, J. E., Steffen, K. J., Engel, S. G., Courcoulas, A. P., y Garcia, L., *Prevalence of alcohol use disorders before and after bariatric surgery*.
También he extraído información de la página: https://www.therecoveryvillage.com/alcohol-abuse/bariatric-surgery-alcoholism/

bres y mujeres fueron 2,4 y 0,7, respectivamente, por cada 10.000 personas.[20]

También aumentan los casos de autolesiones después de la cirugía bariátrica. Un estudio[21] realizado en Canadá encontró que las visitas a emergencias por autolesiones crecieron de 2,3 por cada 1.000 pacientes anuales en el periodo preoperatorio a 3,6 por cada 1.000 después de la intervención, lo que representa un incremento del 50 % en este riesgo.

Se ha descubierto que los pacientes de cirugía bariátrica con ideación suicida preoperatoria tienen mayor riesgo de ideación suicida después de la operación. En un estudio en Estados Unidos con pacientes de cirugía bariátrica se encontró que el 25 % de ellos tenía antecedentes de ideación suicida y el 4 % había intentado suicidarse antes de la cirugía.[22] Además, un metaanálisis sueco[23] comparó la tasa de suicidio en pacientes de cirugía bariátrica con pacientes que habían recibido otro tipo de tratamiento y los

---

[20] Courcoulas, A. P., Daigle, C. R., y Arterburn, D. E. (2023). Long term outcomes of metabolic/bariatric surgery in adults. *BMJ*, 383, e071027. https://doi.org/10.1136/bmj-2022-071027

Dawes, A. J., Maggard-Gibbons, M., Maher, A. R., et al. (2016). Mental Health Conditions Among Patients Seeking and Undergoing Bariatric Surgery: A Meta-analysis. *JAMA*, 3(2), 0–163. https://doi.org/10.1001/jama.20.18118.

[21] Bhatti, J. A., Nathens, A. B., Thiruchelvam, D., et al. (2016). Self-harm emergencies after bariatric surgery: A population-based cohort study. *JAMA Surgery*, 151(3), 226–232. https://doi.org/10.1001/jamasurg.2015.3414

[22] Gordon, K. H., King, W. C., White, G. E., y Mitchell, J. E., *A longitudinal examination of suicide-related thoughts and behaviors among bariatric surgery patients.*

[23] Sjöström, L., Narbro, K., Sjöström, C. D., Karason, K., Larsson, B., Wedel, H., ... y Carlsson, L. M. Effects of bariatric surgery on mortality in Swedish obese subjects. *New England Journal of Medicine*.

Anell, A., y Hanning, M., *The Swedish healthcare system. International Profiles of Health Care Systems.*

resultados arrojan que hubo más suicidios en el grupo de cirugía bariátrica que en el de pacientes que recibían otro tipo de tratamientos para adelgazar menos invasivos:

> Reiterados estudios y revisiones de estudios dejan claro que existe mayor riesgo de suicidio en personas que se han sometido a una cirugía bariátrica que entre la población normal (Peterhänsel, C. y cols., 2013). Por ejemplo, un estudio llevado a cabo durante siete años con 7.925 pacientes obesos que se sometieron a cirugía de bypass gástrico y 7.925 pacientes de control se encontró que había una disminución del 40% en la tasa de mortalidad por cualquier causa en los pacientes sometidos a cirugía, especialmente por enfermedades del corazón, diabetes y cáncer. Sin embargo, la tasa de muertes por causas no médicas, como accidentes y suicidios, fue un 58% mayor en el grupo sometido a cirugía en comparación con el grupo de control. Hubo muertes por suicidio en el grupo sometido a cirugía en comparación con las cinco del grupo de control. (Rincón bariátrico).

AUMENTO DE PESO DESPUÉS DE CIRUGÍA

Por si esto no fuera suficiente, entre el 20% y el 87% de las personas operadas vuelven a engordar. Esta recuperación se produce entre los tres y seis años posteriores a la cirugía, y puede representar hasta un 25% del peso perdido.[24]

---

[24] https://hablandodeobesidad.com/reganancia-de-peso-despues-de-la-cirugia-bariatrica/

Uno de los motivos, aunque no el único, de este aumento de peso es que el estómago se va dilatando con el paso del tiempo y hace que aumente su capacidad, a pesar de haber sido reducido anteriormente.

De hecho, hay clínicas[25] que ofrecen una serie de intervenciones quirúrgicas para evitar el aumento de peso que se produce después de las cirugías bariátricas:

- Revisión de la manga gástrica: Es una nueva reducción del estómago para que vuelva al tamaño que tenía después de la primera manga gástrica.
- Revisión transoral de la salida (TORe): Se trata de una reducción de la salida gástrica transoral. Este procedimiento puede reparar la salida gástrica (conexión entre el estómago y el intestino delgado) al reducir su tamaño. Se realiza mediante la intervención de unos puntos en la salida gástrica y reduce la sensación de saciedad.

En ambos casos se aclara que «se trata de un procedimiento mínimamente invasivo, por lo que el riesgo de complicaciones es muy bajo».

También ofrecen la realización de una inyección endoscópica de un «esclerosante» (morruato de sodio) para reducir el tamaño del estómago. El morruato de sodio es un compuesto que provoca una inflamación controlada en los tejidos. Este proceso de esclerosis puede formar tejido cicatricial y reducir el flujo sanguíneo en la zona

---

[25] https://www.ibihealthcare.com/es/

tratada. Normalmente se ha utilizado para tratar varices y malformaciones vasculares y ahora se está probando en la reducción del tamaño del estómago. Cuando se inyecta el producto, se reduce la capacidad del estómago, porque se pega a sus paredes endureciendo los tejidos y limitando su expansión. Todavía es un tratamiento experimental, pero ya se está llevando a cabo en clínicas privadas. Entre los efectos secundarios detectados actualmente se encuentran las úlceras o complicaciones gastrointestinales.

22

LA REVOLUCIÓN DE LA GLUCOSA

> Cuánto le gustaría ser una de ellas, ser otra.
>
> Delphine de Vigan

Cuando era adolescente leía sobre revoluciones y soñaba con participar en alguna. Llevaba camisetas del Che Guevara y me imaginaba mundos donde el acceso al agua y a la comida fuera un derecho, donde las personas migrantes caminaran tranquilas por la calle, donde mis padres no sufrieran por llegar a fin de mes y pudiéramos estudiar lo que quisiéramos. Las revoluciones que imaginaba tenían que ver con la justicia social, el reparto de la riqueza y la igualdad de derechos. Nunca pensé que la mayor revolución que me tocaría vivir sería la de los hábitos de vida saludable, la lectura de etiquetas y la lucha contra los ultraprocesados. Las revoluciones con las que soñábamos eran colectivas y pretendían cambiar las estructuras sociales de la desigualdad. Las revoluciones actuales son individuales y tienen que ver con el cambio del modo de vida y la toma de decisiones.

Hace poco me regalaron un libro que se llama *La revolución de la glucosa: Pierde peso, deshazte de los antojos y gana energía*. En él se explican los beneficios de controlar la glucosa para controlar tu peso y, por lo tanto, mejorar tu salud. Desde el principio, la autora aclara que el objetivo del libro no es la pérdida de peso, sino aprender a comer de manera sana. Sin embargo, hay una recopilación de testimonios de gente que, tras haber aprendido a regular la ingesta de glucosa, ha perdido peso. A las dietas ya no se les llama dietas y a la restricción se le llama cuidarse. Puede cambiar la forma, pero el fondo es el mismo.

Cuando me regalaron este libro lo primero que quise hacer fue tirarlo, pero como la persona que me lo había regalado era importante para mí, decidí leerlo. Durante todo el libro, la autora se dedica a recomendar pautas de alimentación que implican el control y la restricción de los alimentos. Sin embargo, ni una sola vez aparecen las palabras «dieta» ni «control».

A los pocos días de haberlo leído descubrí que estaba repitiendo conductas típicas de la cultura de la dieta. En mi mente volvían a pulular los argumentos que me habían acompañado toda la vida: «Intenta cambiar las harinas blancas por pan integral», «si comes verdura antes de la comida, el metabolismo será más lento», «si bebes una cucharada de vinagre antes de comer conseguirás...».

Esto ya me pasó un año antes con el ayuno intermitente, y varios años atrás con la dieta keto. Después de operarme decidí que no iba a hacer dieta nunca más, luego llegó el activismo gordo y comprendí por qué no debía hacer dieta nunca más. Sin embargo, las formas de la dieta han cambiado y ahora estamos rodeadas de dietas que no se llaman dietas, sino algo del tipo «tener hábitos de vida saludables», «cuidarse» o «querer estar sana». Gracias a años de entrenamiento en la restricción y el control, puedo detectar fácilmente estos discursos, pero, como en esas ocasiones, a veces me despisto y acabo cayendo.

He hecho dieta toda mi vida, desde que empecé a relacionarme con el mundo he hecho dieta. Hacer dieta significa controlar y decidir lo que se come. Cuando hacemos una dieta, estamos tomando decisiones sobre lo que vamos a comprar, cocinar y comer respecto a un objetivo que queremos conseguir. Esto en mi casa lo hemos hecho desde que tengo recuerdos. En las primeras revisiones médicas ya avisaban a mi madre de mi incipiente sobrepeso y la animaban a vigilar lo que comía, y cuando crecí un poco la responsabilidad no estaba ya solo en mi madre sino en mí también. Con catorce años mi médica de cabecera me dio una dieta basada en calorías, me dio un papel donde indicaba lo que debía comer cada día de cada semana de cada mes, y todo estaba organizado para que no consumiera más de 1.500 calorías diarias. Pero esta dieta no funcionó. Los motivos por los que no funcionó son muchos: quizá algún día comimos fuera y no pudimos cumplir lo que ponía en el papel, o yo me fui con mis amigas y me comí una chocolatina, o mi padre me dio comida a escondidas, o todo a la vez.

Cuando haces una dieta y te la saltas, es muy difícil volver a ella, porque lo primero que te dicen es que no puedes saltarte las normas, no puedes equivocarte. Esta primera dieta no solo no funcionó, sino que seguí engordando. En esa época empecé a comer a escondidas. Empecé a hacerlo cuando comenzó a estar prohibido comer ciertos alimentos. Después de esta dieta probamos otra que nos recomendó una vecina, también me apunté a un gimnasio con un plan de adelgazamiento en el que había que seguir un control estricto y se entrenaba durante media hora al día. Cada día subía a la planta de arriba del centro comercial de mi barrio, entraba a una sala llena de esterillas, me ponía en un círculo rodeada de mujeres de cuarenta años y repetía los movimientos que gritaba la monitora. Estuve un mes y lo dejé.

En verano mi abuela me daba unas barritas que sustituían las comidas, así que a veces, en vez de comer lo que mi abuela cocinaba, yo comía dos barritas sustitutivas con sabor a cacao.

Nada de esto funcionaba y yo seguía comiendo a escondidas y engordando. En ese momento, tanto mi madre como yo ya sabíamos que tenía un problema y que había que darle solución. Con dieciséis años fuimos a un nutricionista privado que tenía su consulta en el bajo de un edificio de un barrio de Alcorcón. Era similar a la consulta de cualquier médico: él nos recibió en bata y de la pared colgaban títulos y títulos. Salí de ahí con una dieta que consistía en desayunar dos rebanadas de pan tostado sin sal que vendía él mismo —no podía ser otro pan—, una manzana a media mañana, en la comida y cena verdura cocida y pechuga de pollo a la plancha y sin sal y por las tardes podía comer una rebanada de pan con queso fresco sin sal. Además me dio unas pastillas de carbono activado para que, dos veces al mes, pudiera comer lo que quisiera. Me dijo que entendía que había momentos donde no se podía hacer dieta y que tenía que elegirlos bien. Solo podría saltarme la dieta el día que me tomase las pastillas, ya que estas impiden que se digieran los alimentos y, por tanto, no se procesan.

Esta dieta sí funcionó, al menos los primeros meses. Perdí 30 kilos en cinco meses, y estaba muy orgullosa. Iba a cuarto de la ESO, había conocido a un grupo de amigas con las que podía ser yo —podíamos hablar de comunismo, de la revolución, escuchar Extremoduro y reírnos de la gente que se reía de nosotras— y cuando salíamos al recreo yo me comía una manzana mientras ellas se comían las palmeras de chocolate gigantes que vendían en todas las cafeterías de los institutos de Fuenlabrada.

Empecé a fumar porque me habían dicho que eso me ayudaría y me quitaría el hambre. Yo adelgazaba y por primera vez pensé que podría tener una vida normal. Pero esta ilusión duró muy poco. A medida que pasaban los meses la báscula no bajaba tanto, hasta que dejé de adelgazar. Ahí es donde te dicen que no puedes abandonar. Ahí es justo donde tienes que seguir haciendo dieta para no engordar. Y también ahí te dicen que eso va a ser así siempre, para toda la vida.

Si nos hubiéramos parado a pensar que con dieciséis años habíamos tomado una decisión que cambiaría mi vida hasta el punto de que ya no iba a poder vivir sin controlar y restringir lo que comía, si hubiéramos pensado en lo que esto significaba, creo que no habríamos entrado a esa consulta nunca.

Como llevar esa dieta de por vida era imposible, el efecto rebote fue enorme y engordé el doble. Ese verano me fui a Inglaterra a estudiar y, como cualquier adolescente, me alimenté a base de Pringles, Kinder Bueno y sándwiches envasados. Engordé nada más llegar, después de haberme pasado todo el curso a dieta, cogí un avión a una ciudad en la que nadie me vigilaba y me dediqué a comer libremente. A partir de ahí no paré de engordar, cada vez más y más rápido. Intentamos otras dietas, pero antes de empezarlas ya sabíamos que no iban a funcionar. Me salieron grandes ojeras y mi cara adquirió un tono de tristeza que me acompañó durante todo el bachillerato.

La médica dijo que tenía depresión y me mandaron una medicación que no funcionó. Cada dos meses iba a ver al psiquiatra de la seguridad social y este no me preguntaba nada, solo me recetaba las pastillas. A los pocos meses hablé con mi madre y le expliqué que no tenía depresión. Sé muy bien lo que es la depresión, he estado rodeada de ella toda mi vida, sé la forma que tiene, cómo duerme, su tono de voz y cómo se acuesta en la cama. Yo estaba triste, asustada y agotada, pero no deprimida.

Hicimos un último intento con una nueva dieta de moda: Weight Watcher. Era un método innovador que puntuaba los alimentos en función de las calorías. Cada tipo de alimento tenía un color. Cuando entrabas en el programa, te daban una guía que te indicaba las puntuaciones y te daban un paquete de pegatinas con las que debías marcar cada cosa. Las verduras tenían menos puntos que los hidratos y tú tenías que planificar tu menú diario para conseguir comer sin superar los puntos que te habían asignado. También, una vez al mes, nos reuníamos en un antiguo teatro de la zona vieja de Fuenlabrada y contábamos cómo había sido nuestro mes, qué dificultades habíamos tenido y qué logros; luego nos pesábamos en una báscula que estaba en el centro del escenario, aplaudíamos a la gente que había adelgazado y poníamos cara de pena cuando alguien había engordado. Las dos primeras semanas adelgacé y me aplaudieron. Es un subidón cuando la gente te felicita por haber adelgazado. Pero a la tercera semana volví a engordar. Tuve que subirme a esa báscula en el centro de ese círculo de gente que me miraba con pena y me animaba a no rendirme y a seguir intentándolo. Aguanté tres meses, después me encerré en casa. Mi refugio eran mi madre y mi hermana, las únicas que sabía que eran capaces de mirarme y verme, de ver algo más que todo el fracaso que me iba abrazando.

Cuando las personas gordas entramos a una consulta médica, las probabilidades de que las profesionales médicas nos recomienden operarnos, tomar Ozempic o sus derivados o hacer una dieta son muy altas. Las dietas no funcionan, pero seguimos confiando en ellas. Las personas encargadas de nuestra salud saben que no funcionan y siguen animándonos a dejar de comer. La gente que nos quiere sabe que no funcionan y sigue insistiendo.

El 81% de las personas que hacen dietas en España fracasan.[26] Además, un estudio de la Universidad de California en Los Ángeles[27] concluyó que la mayoría de las personas que hacen dieta terminan recuperando el peso perdido e incluso ganando más. La investigación señala que aproximadamente el 83% de las personas participantes recuperaron más peso del que habían perdido al menos dos años después de la

---

[26] Sociedad Española para el Estudio de la Obesidad (SEEDO) (2014). *Encuesta XLS Medical sobre los factores de éxito y fracaso en el intento de adelgazar*.

[27] Wolpert, Stuart (2007). Dieting does not work, UCLA researchers report. *UCLA Magazine*.

dieta. Una de las autoras concluyó: «Varios estudios indican que hacer dieta es un predictor constante de aumento de peso futuro». Según esta investigación, tanto hombres como mujeres que participaron en programas formales de pérdida de peso ganaron significativamente más peso en un periodo de dos años que quienes no participaron en ninguno. En otro estudio realizado por la clínica Cleveland descubrieron que entre el 80% y el 95% de las personas que hacen dieta recuperan el peso que tanto les costó perder.[28]

Pero no hacen falta datos ni grandes estudios, es evidente que las dietas no funcionan; si lo hicieran, la mayoría de nosotras no seríamos gordas.

---

[28] https://health.clevelandclinic.org/why-people-diet-lose-weight-and-gain-it-all-back

23

COMO LO QUE QUIERO

Los cuerpos y los mundos se van distanciando.

Silvia Federici

Los primeros años de la operación me centré en vivir, me independicé y recuperé todo el tiempo que sentía que no había tenido siendo gorda. Durante este periodo nunca pensé que operarme fuera un error. Me dediqué a trabajar y a salir de fiesta, no necesitaba nada más. Tenía un cuerpo nuevo y quería usarlo. Con él me abrí a viajes, historias, relaciones y emociones nuevas. Pero mi cuerpo empezó a fallar y, aunque al principio no me di cuenta, todas esas «cosas» empezaron a afectar aspectos importantes de mi vida. Entré a vivir a una casa en la que las comidas eran compartidas y comer se convirtió en un suplicio, empecé a faltar al trabajo porque enfermaba continuamente y cada vez tenía que cancelar más planes porque mi cuerpo no respondía.

Al dolor que acompaña a la enfermedad hay que sumarle el dolor de la incomprensión. A nadie le interesa la gente enferma, la atención de quien te escucha se empieza a perder a medida que enumeras síntomas y dolores. No solo empecé a encontrarme mal, sino que sentí que no podía compartirlo con nadie. En parte porque había pasado mucho tiempo ocultándolo y en parte porque la gente no estaba preparada para oír lo que tenía que decir. Sus caras cuando contaba que hacía años me había operado no eran de cariño y comprensión como en una mala película, eran caras de extrañeza y aturdimiento.

Mis ganas de saber sobre este tema nacieron de la necesidad de poder contestar ante el desconcierto de la gente. Empecé a leer sobre gordofobia y me junté con unas amigas para investigar sobre la violencia hacia las personas gordas. Creamos un colectivo que se llamaba *Cuerpos empoderados* y empecé a estudiar el cuerpo desde la antropología y la sociología. Investigar el cuerpo como un objeto de estudio me obligó a volver al mío y a querer entenderlo. Y me di cuenta del silencio aceptado que había alrededor de ello. Yo misma ocultaba la información dentro de los espacios antigordofobia a los que pertenecía. La experiencia más fuerte de mi vida era totalmente desconocida para la gente y para mí, en internet no había información y casi nadie sabía de lo que le estaba hablando cuando lo mencionaba.

Ponía en Google: «bypass» o «cirugía bariátrica» y no aparecían nada más que anuncios de clínicas que ofrecían sus servicios. Hasta que un día se me ocurrió escribir lo mismo en el buscador de Facebook y ahí estaba. No sé cómo es Facebook ahora, ni para qué sirve, pero hace unos años tenía una función muy interesante: Los Grupos. Facebook está lleno de grupos que son comunidades dedicadas a temas específicos. Y en cuanto puse en el buscador la palabra «bariátrica» aparecieron cientos de resultados:

> Cirugía bariátrica España.
> Bariátricos por el mundo.
> Mundo bariátrico.
> Bariátricos molones.
> Lindas y bariátricas.
> Bariátricos en México.
> Cirugía bariátrica consejos.

La lista era interminable. Me metí en varios, estaba entusiasmada. Con un solo clic podía conocer a un montón de gente que había pasado por lo mismo que yo, podía saber si era normal que me diera diarrea después de tomar cualquier producto lácteo o si alguien más tenía que esperar a que la comida se enfriara para poder ingerirla.

También quería saber cosas como si esa gente salía de fiesta, comía chocolate y se iba de cañas. Quería saberlo porque, después de la operación, quienes me habían sonreído y me habían dicho que mi vida no iba a cambiar, empezaron a decirme que no podía tomar grasas ni azúcares ni alcohol. Ese no era el pacto que habíamos hecho. Yo me había rendido, sí, había pagado y entrado a ese quirófano, pero lo había hecho a cambio de poder vivir sin vigilarme constantemente.

Había muchísimas personas en cada grupo, no eran grupos pequeños, publicaban cosas a cada minuto. Eran miles y miles de personas las que se pedían consejo. Yo nunca publiqué nada, pero pasaba horas en ellos, me ayudaron mucho las preguntas de las otras. Dudas sobre si era normal que se les atascara la comida después de dos años de haberse operado. Comentarios donde echaban de menos beberse un vaso de agua fría. Tras cada publicación había cientos de consejos: «Si le echas limón, es más fácil», «Prueba el agua con gas, es mucho mejor».

«¿Alguien más no puede comer coliflor? Lo intento y lo intento y es imposible. Me da pena porque antes me encantaba».

«¡Hola, familia! Me he comprado este plato y cubierto de postre para mis comidas. Mi marido se ríe de mí, pero no pierdo la fuerza».

(Foto de un mechón de pelo) «No para de caérseme el pelo y no sé qué hacer. ¿Algún consejo?».

«El otro día salí a cenar y me animé a compartir el postre con mi esposo, pedimos cheesecake y me sentó fatal. Empecé a sudar y a marearme. ¿Es normal? ¿a alguien más le pasa?».

«¿Alguien toma un multivitamínico comestible? He probado las vitaminas en pastilla y no me hacen nada. ¿Sabéis dónde puedo conseguirlo?».

Había cientos. Estuve enganchada durante semanas. Siempre había pensado que todo lo que me pasaba después de la operación era por culpa de que no comía bien, de que no me comportaba de forma responsable y no me estaba cuidando. Ver que tanta gente estaba viviendo las mismas situaciones que yo me liberó inmediatamente. No es que yo masticara poco la pasta o no supiera beber agua, es que mi estómago no digiere la pasta y no deja entrar el agua. El mío y el de los cientos de miles de personas operadas que estaban al otro lado de la pantalla.

Me metía cada día para leer historias como la mía. Me había pasado la adolescencia leyendo la *Super Pop* y la *Nueva Vale*, había leído cientos de historias sobre morrearse con desconocidos en las fiestas del pueblo o descubrir el bulto del pantalón del vecino en el trastero. Me había leído también todos los testimonios de la *Pronto* y la *Diez Minutos* de mi abuela, las historias de mujeres aburridas de sus maridos, señoras que necesitaban un cambio en su vida. Siempre he leído historias que no tenían que ver conmigo, nunca había leído una con la que me sintiera identificada hasta que descubrí estos grupos.

Aunque me ayudaron mucho, tuve que irme pronto de ahí. No todos los mensajes iban dirigidos a compartir experiencias y entender lo que nos pasaba, muchos de ellos hablaban de consejos para no volver a engordar, explicaban que la operación no era el final y que no servía de nada si no aprendíamos a llevar una dieta estricta y cuidábamos nuestra alimentación.

La mayoría de las publicaciones estaban cargadas de cultura de la dieta y de apología de la cultura del esfuerzo. Había líderes que nos animaban a no decaer, que explicaban que la cirugía bariátrica había sido una ayuda, pero que si no controlábamos lo que comíamos y hacíamos deporte, acabaríamos engordando y fracasando. Subían fotos de su cuerpo mostrando el antes y el después, fotos haciendo deporte, fotos comiendo ensaladas…

La mayoría de los mensajes contaban lo que ya sabíamos antes de operarnos, subían dietas, nos decían que no podíamos comer azúcar, nos amenazaban con el síndrome de dumping y advertían de que no deberíamos comer más de cien gramos de pasta al día. Cuando alguien contaba que algo le había sentado mal o preguntaba si podía comer alguno de esos alimentos que siempre habían estado prohibidos, le respondían con decenas de mensajes diciéndole que se merecía que le sentara mal la comida por no poder controlarse y le advertían de todas las cosas malas que podían pasarle por hacerlo mal.

Nada de esto era nuevo para mí, yo llevaba toda mi vida recibiendo estos mensajes. Pero no entendía que aparecieran ahí, en el que debía de ser un lugar seguro para nosotras.

La operación es la evidencia más clara de que las dietas no funcionan. Si reduciendo nuestro estómago al tamaño de una nuez seguimos necesitando hacer dieta, está claro que algo de lo que nos han contado sobre lo que hay que hacer para adelgazar es mentira. Cabía la posibilidad de que yo tuviera un problema y no supiera controlarme con la comida, pero lo que no podía ser es que todas esas personas tuvieran el mismo problema que yo. La superioridad moral de la delgadez es tan fuerte que es capaz de borrar, ocultar y manipular la realidad para que parezca que la delgadez es algo construido.

No conozco a ninguna persona gorda que no haya intentado de una u otra manera adelgazar, todas hemos seguido algún tipo de dieta o hemos hecho algo para intentar no estar gordas. La mayoría de las veces no ha funcionado. Las personas delgadas, por el contrario, no han hecho nada para estar delgadas. Creemos que las personas gordas lo son porque han tomado decisiones para serlo y así parece que las personas delgadas han hecho lo mismo. Así creamos un relato en el que las primeras no lo sabemos hacer y las segundas sí.

Lo más curioso de estos grupos de Facebook es que las personas que daban consejos para adelgazar ignoraban el hecho de que ellas mismas habían adelgazado porque se habían operado. Las personas que decían que el secreto para adelgazar era comer sano eran las mismas que habían adelgazado por el bypass, no porque comieran sano (signifique lo que signifique eso).

Yo observaba estos grupos en silencio hasta que una mujer publicó un comentario quejándose del juicio y el maltrato que se producía en ellos, se fue de todos y creó uno nuevo que llamó «Como lo que quiero».

24

ROSA

«¿A qué edad fue tu primera dieta?». Esta frase que circula por la red nos interpela de un modo extraño, hasta tendencioso. Hablar de una primera vez nos da la pauta de que pareciera «necesario» iniciarse en el circuito de las dietas como algo ritual. En algunas culturas y comunidades se suele iniciar a los jóvenes en la vida adulta por medio de ceremonias. Me pregunto, ¿cómo funciona hoy en día la cuestión ritual que circula en las dietas? ¿Somos introducidxs al mundo de los estereotipos de belleza y salud? ¿Tenemos opciones, de no iniciarnos en esas lógicas de exclusión de los cuerpxs distintos?

Lux Moreno

Cuando tenía dieciséis años se estrenó en España la primera edición de *Operación Triunfo* y me enganché a ella como la mayoría del país. Todo en ese programa era hipnótico. Me encantaban las clases de baile, las coreografías, las charlas con la psicóloga, las galas, los romances reales y los imaginados. Como mucha gente, la academia me tenía atrapada. En casa nos juntábamos todas a ver cada programa.

Pero había algo que me atrapaba aún más. Una de las participantes era igual que yo, nos parecíamos en todo, tenía el mismo cuerpo que yo, llevaba las mismas gafas de ratón que yo, vestía igual que yo. Nunca había visto a alguien tan parecido a mí antes. La veía cada semana en las galas y todos los días en el chat de la academia. La quería. Sentía que era algo parecido a una hermana o una amiga para mí. Me alegraba que le fuera bien. La entendía. Me aliviaba entenderla porque, me imagino, eso abría la posibilidad de que alguien me entendiera a mí.

Esa confusión con la que hablaba, la risa nerviosa, la mirada baja, su facilidad para ser graciosa sin querer serlo, la sensación de que se enteraba de más de lo que parecía que se enteraba... Yo sabía lo que significaba todo eso. Sabía que Rosa se avergonzaba de su cuerpo, que quería cambiarlo, que confiaba en hacerlo. Por eso seguía atenta cada intento que hacía por adelgazar. Me alegraba por cada kilo que perdía.

En las galas sucedía algo aún más mágico, y es que Rosa era la que mejor cantaba y la diferencia era tan grande que nadie se molestó en competir contra ella. Cuando Rosa cantaba se paraba España. Fue la primera vez que vi a alguien quedarse callado ante una persona gorda. Cuando Rosa cantaba su cuerpo nos daba igual. Rosa estaba consiguiendo lo que yo siempre había deseado: que el cuerpo dejara de importar.

Pero no fue exactamente así. Al empezar el programa, el equipo de la academia decidió poner a Rosa a dieta. No recuerdo ninguna crítica sobre esto, nadie lo cuestionó. En 2008 todo el mundo sabía que no podías ser cantante si eras gorda, así que a todas nos pareció lógico que si Rosa quería triunfar tenía que adelgazar.

Cada semana el presentador le preguntaba a Rosa en directo cuántos kilos había perdido. Ponían fragmentos de su consulta con la nutricionista, de Rosa subiéndose a la báscula y haciendo deporte. Y cada semana el país entero aplaudíamos sus logros.

Este año se ha emitido una nueva edición de *Operación Triunfo* y también había una concursante gorda que, además, también tenía la mejor voz de la academia. A nadie se le ha ocurrido ponerla a dieta. El mundo ha cambiado, pero no lo suficiente. Durante los años que han pasado desde la primera edición hasta la última, ha habido valientes personas —mujeres o personas no binarias sobre todo— que se han atrevido a levantar la voz, para defender lo que en ese momento era indefendible: que podemos existir sin demostrar que queremos cambiar lo que somos. Gracias a ellas hoy no es tan fácil que nos sentemos a aplaudir el sufrimiento ajeno en televisión.

El mismo año de Rosa en *OT* fue el que hice la dieta restrictiva que me llevó a perder 30 kilos y ganar 60. Igual que Rosa, me creí que era posible adelgazar y que al hacerlo dejaría de sufrir. Igual que Rosa, al poco tiempo descubrí que era mentira y que la gordura se iba a quedar conmigo para siempre.

25
TCA

> Te daban la promesa de ser querida.
> Y yo quería tanto ser querida.
>
> María Fernanda Ampuero

Cuando era pequeña y pasaba los veranos en Alicante con mi abuela, me tocaba siempre bajar a comprar el pan, y muchas veces coincidía en la panadería con una mujer gorda y vieja que iba en bata y zapatillas de estar por casa y siempre pedía un bollo gigante. Un triángulo inmenso cubierto de chocolate y relleno de crema pastelera. Yo la miraba con admiración y envidia, porque, aunque a ojos de la sociedad su existencia no fuera interesante, para mí representaba la libertad de comer lo que quisiera. Con ocho años, ya todo el mundo vigilaba lo que comía, y yo también. A esa edad sabía qué alimentos eran buenos y cuáles malos, ya sabía lo que debía o no debía hacer. El puñado de pseudoprofesionales obsesionados con descubrir las claves de una buena alimentación que llenan nuestras pantallas ahora, no están diciendo nada diferente a lo ya que me repetían en casa hace treinta años.

Yo miraba a esa mujer y veía la posibilidad de existir sin castigo ni culpa; sin restricción. Me daba igual que fuera vieja o que se rieran de ella. Entendía que en ese cuerpo había más libertad que en el de la mayoría de la gente que me rodeaba y que estaba obsesionada con su cuerpo y con la alimentación. Por eso, en esa época empecé a decir que de mayor quería ser jubilada. Veía en la jubilación la posibilidad de libertad, ya intuía de alguna manera que a una determinada edad a las mujeres no se les hacía ni caso. Y eso es lo que yo quería, que me dejaran en paz, comer tranquila sin ser vigilada. Comerme un bollo por el placer de comérmelo, sin sentir la culpa infinita de estar haciendo lo que no debía.

No recuerdo bien el día exacto en el que empecé a comer a escondidas, me imagino que pasa como con todo, que te das cuenta de que estás dentro del problema cuando ya no puedes salir de él. Los primeros años de mi vida, aquellos en los que todavía no está bien visto decidir que una niña es gorda, comía lo que quería, como cualquier niña. Me gustaba todo, la fruta, la verdura, la pasta, las lentejas, el chocolate... Disfrutaba comiendo, como toda mi familia. La comida era para nosotros una forma de disfrutar y de relacionarnos.

Luego, poco a poco, empezaron a advertir a mi madre de que tenía sobrepeso y de que había que controlar lo que comía. Ahí empezaron los comentarios y, aunque todavía no me pusieron a dieta, sí dejaron de comprarse ciertos alimentos en casa. En mi casa nunca ha habido ultraprocesados, éramos una familia de pobres y hippies, pero sí había cereales y quesos, y estos fueron desapareciendo poco a poco. También cuando comíamos fuera empezaron a hacerme ciertos comentarios: «No pidas tanto», «no hace falta que te lo comas todo».

Empecé a comer a escondidas porque me lo estaban prohibiendo. Me obligaban a merendar solo una pieza de fruta, así que aprovechaba que mis padres estaban en el salón e iba, silenciosa, a la cocina a hacerme una tostada que me comía rápido, tapándome con la puerta de la nevera. Me metía la comida en la boca muy rápido para poder disimular si alguien venía.

Cuanto más restrictivas eran las dietas, más comía a escondidas, hasta que se convirtió en costumbre. Cuando has hecho tantas dietas ya no hay mucha diferencia entre el momento en el que estás haciéndola y el que no. Cuando dejaba una dieta, o la dieta me dejaba a mí, siempre había un tiempo en el que acordábamos que no iba a hacer dieta, pero que me iba a controlar. Que es una forma de decir lo mismo.

Hay mucha gente que dice: «Yo no hago dieta, yo me controlo». Podemos cambiarle el nombre, pero controlar lo que comemos es hacer dieta, aunque no esté escrita en un papel y colgada en la nevera. La gente que se controla, como yo me controlaba, comen teniendo en cuenta lo que creen que hay que hacer para no engordar. Controlarse no quiere decir nada más que decidir lo que comes pensando en si engorda o no.

Hubo un momento en el que, sin hacer dieta, mi nevera estaba llena de productos «para adelgazar». Yogur desnatado sin azúcar, queso fresco 0 %, pechuga de pavo, manzanas, filetes de pollo, a veces pescado y mucha verdura. Nada más.

No necesitaba empezar ninguna dieta porque vivíamos a dieta, pasé toda mi adolescencia así. Por eso compraba bollos al salir del instituto y me los comía antes de entrar al portal.

Luego empecé a sentirme culpable, sentía que estaba decepcionando a todo el mundo y empecé a intentar no comer. Probaba a no comer durante días enteros, intentaba vomitar o compraba productos adelgazantes a escondidas para compensar los atracones que me había dado. Cuando era adolescente no se hablaba tanto como hoy de trastornos de la conducta alimentaria. En los años 2000, TCA era sinónimo de anorexia. A veces se hablaba de bulimia, pero nadie se lo tomaba en serio. Entonces nadie hubiera dicho que yo tenía un trastorno de la conducta alimentaria. Ni siquiera mi médica lo hizo, me veía engordar y llorar y no se preguntaba qué me estaría pasando; solo pensaba que tenía que adelgazar.

En los últimos años se ha empezado a hablar de la bulimia nerviosa y del síndrome del atracón. Muchas personas gordas hemos pasado por ahí. Algunos estudios señalan que hay grados de gordura que solo se alcanzan si se ha expuesto al cuerpo a grandes subidas y bajadas de peso. Es poco habitual que una persona que no ha hecho dieta y que come tranquilamente llegue a pesar lo que pesamos las personas que hemos sometido a nuestro cuerpo a un desequilibrio tan grande.

El problema de la restricción al comer es que en el momento que dejas de restringir lo que comes engordas más. Por eso cuando empecé a engordar sin parar no se debía solo a que comía a escondidas, sino a que mi cuerpo dejó de funcionar. Muchas de mis amigas y compañeras gordas tienen una experiencia parecida con la comida. Muchas nos hemos escondido para comer, y la mayoría empezamos a hacerlo después de una dieta.

Aunque me ha ayudado saber que esto no solo me pasaba a mí, no me gusta hablar de trastorno de la conducta alimentaria, pero entiendo que al hacerlo abrimos la puerta como sociedad a reconocer lo que nos pasa. Cuanto más hablemos de ello, más fácil nos será comprender la realidad de las personas que sufrimos con la comida, y más posibilidades de ser acompañadas y cuidadas tendremos.

Por lo que no me parece justo hablar de trastorno de la conducta alimentaria es porque parece que el origen del problema está en la persona que lo sufre, en su personalidad, en sus aprendizajes, y esto no es así. Los trastornos de la conducta alimentaria existen, en gran parte, porque existe la gordofobia y la cultura de la dieta. Los TCA como problema aparecen a la vez que se instala la gordofobia como sistema en nuestras vidas. Comemos a escondidas o dejamos de comer o vomitamos porque el mundo nos dice que la única manera de existir es ser delgada.

Vivimos en una sociedad que está trastornada con la comida. Las redes sociales, la televisión, las librerías… El mundo está lleno de normas y consejos sobre cómo comer. Nos obsesiona comer bien. Leemos manuales y compartimos consejos para asegurarnos de que comemos correctamente. Paralela y paradójicamente, cada vez tenemos menos tiempo y dinero para comer bien, es imposible comer bien si no tienes tranquilidad o mucho dinero.

Ahora no hacemos dieta, ahora lo que hacemos es cuidarnos, es controlar nuestra alimentación y comer de forma consciente. Hacer dieta ya no está de moda, ya nadie hace dieta, pero todas sabemos leer perfectamente una etiqueta, diferenciamos los azúcares buenos de los procesados y sabemos que si tomamos cosas ácidas antes de cada comida bajaremos los niveles de glucosa y nuestro metabolismo procesará más despacio la comida. Todas vivimos a dieta. La dieta es un trastorno de la conducta alimentaria y mientras existan dietas existirá el TCA. No hace falta ningún libro más sobre cómo comer. No son necesarios. Comer no tiene nada que ver con libros y con normas.

Cuando empecé a hacer dietas, este era un problema de las mujeres, de las señoras de cuarenta años que querían seguir siendo deseables para sus maridos o de las adolescentes que leíamos la *Super Pop*. Ahora todo el mundo está a dieta, da igual el marido o los consejos de las revistas. La dieta es la única forma válida de comer y censuramos con nuestra mirada y con nuestras palabras a cualquiera que no dé señales de cuidar (restringir) lo que come. Por eso no digo que tengo o he tenido un trastorno de la conducta alimentaria, porque no voy a cargar sobre mis hombros con el peso de una sociedad profundamente enferma.

26
MÉDICO

> Aún no habéis comprendido a qué os enfrentáis. Un perfecto organismo. Su perfección estructural solo está igualada por su hostilidad.
>
> *Alien: El octavo pasajero*

Llevo años en observación con un médico que no tiene ni idea de lo que me pasa, pero sabe que algo no va bien. Me manda pruebas y más pruebas y no acaba de encontrar nada. Yo le dejo que siga buscando, pero ya conozco la respuesta: el bicho que tengo dentro se me está comiendo. Cuando se lo digo, él sonríe incómodo.

En general los médicos no me hacen caso cuando les hablo del bypass. Me dicen que es normal y asocian las cosas que me pasan a mi peso, al estrés o a virus externos. Para nadie parece ser importante que me falte una parte del estómago y del intestino. Mientras siguen buscando, yo voy metiendo mi caca en un tubo de plástico, hago pis en botes, soplo en bolsas y entrego mis brazos a enfermeras majísimas que me hacen análisis periódicos.

Hace unos meses me mudé y tuve que cambiar de médico. El antiguo siempre fue amable, me explicó cada cosa y nunca habló de mi peso, pero nada más llegar a la sala de espera del nuevo hospital supe que las cosas iban a ir mal. Cuando apareció mi número en la pantalla me acerqué a una ventanilla donde una enfermera me dijo que la acompañase y me llevó hasta una sala completamente vacía con una báscula en el centro. Me pesó. Cuando vi mi peso me alegré, pesaba menos de lo que esperaba. Es una alegría fantasma, es una alegría pasada, es una alegría por inercia, una alegría inocente. Subirme a una báscula suele ser un problema, por eso cuando vi un número más bajo de lo que esperaba, me alivié. Sin embargo, por mucho que me alegrara, la báscula marcó un número de tres cifras y eso para mucha gente es un problema, tres números son demasiados según los índices médicos que se utilizan para decidir cuál es el peso bueno y cuál el malo.

Cuando entré en la consulta, lo primero que me dijo el señor con bata fue:

—Siéntate. Antes de que digas nada quiero que sepas que ya he leído tu historial y estoy informado de lo que te pasa. Puedes decirme lo que quieras, pero ya tengo la información necesaria.

Yo titubeé e intenté explicarle las fiebres, las diarreas y los vómitos. En cuanto dije la palabra «fiebre» me detuvo:

—La fiebre la provoca la grasa abdominal. Tienes una obesidad grave y ese es tu principal problema. Hasta que no acabemos con esto no podemos hacer nada.

Me aguanté muy fuerte las ganas de llorar. «¿La fiebre la provoca la grasa abdominal?, ¿cómo que la grasa abdominal provoca fiebre? ¿Por qué no he oído nunca hablar de esto?».

Empecé a sentir mucho calor, me llené de rabia y de impotencia —que en mi caso suele ser lo mismo— y conseguí parar las lágrimas antes de que empezaran a salir de mis ojos, pero, al hablar, salieron por mi boca. Mi voz siempre me delata. En situaciones difíciles mantengo la compostura, pero en cuanto empiezo a hablar mi voz se rompe como una chivata asquerosa de patio de colegio.

Intenté explicarle que no puedo adelgazar, que no tengo apetito y que no como, que no me cabe. Le dije que no miento, que ya no como a escondidas, ¿cómo podría hacerlo? Le expliqué que no sé qué hacer porque sigo engordando sin comer. Me volvió a mandar callar y me dijo:

—¿Haces deporte?

—No mucho, voy a clases de baile los lunes y hago pilates los miércoles.

—¿Solo?

Asiento con la cabeza.

—Entre semana ¿sales a caminar? ¿Qué haces para mantenerte activa?

—Soy una persona activa pero no me muevo mucho. Trabajo... (me corta).

—¿Qué tipo de trabajo?

—En un despacho, sentada.

—¿Y después?

—Hago cosas, quedo con mis amigas, tengo proyectos, ocio...

—El día tiene veinticuatro horas, si ocho son para trabajar y ocho para dormir, te quedan ocho para moverte.

No contesté. No sé qué podía haber contestado, llevo toda

mi vida oyendo lo mismo y, sin embargo, en ese momento ya pensaba que tenía razón. «¿Por qué no lo hago si es tan sencillo?». Los días siguientes busqué actividades deportivas en mi barrio, escribí a mis amigas y les insistí para que se apuntaran conmigo al gimnasio y me acompañaran a caminar. Lo hice sabiendo que no iba a funcionar, que no iba a cambiar nada. No es la primera vez que paso por ello, ha habido muchas y ya conozco el resultado.

Ya no recuerdo bien cómo terminó la conversación. Me dio un informe y me derivó de manera urgente al endocrino para que me pusiera a dieta.

—¿A dieta? Pero si yo ya vivo a dieta.

—No es suficiente.

Según diferentes estudios publicados en *Obesity Reviews*, a las personas gordas se nos diagnostica y se nos ponen tratamientos más tarde que a las personas delgadas, más aún si el motivo por el que asistimos a la consulta no tiene que ver con el peso. Esto se debe a que el personal sanitario encargado de atendernos tiene la falsa creencia de que todos nuestros problemas de salud son causa de nuestro peso.

Un estudio publicado en 2009 sobre el estigma hacia las personas gordas concluyó que el personal sanitario comparte pensamientos y actitudes negativas hacia nosotras como que somos perezosas o que carecemos de autocontrol. Este sesgo se ha observado en profesionales de medicina general, de enfermería y de nutrición.

En el manual *Psicología social aplicada*[29] hay un apartado

---

[29] Arias Orduña, A. V., Morales Domínguez, J. F., Nouvilas Palleja, E., y Martínez Rubio, J. L.: *Psicología social aplicada*.

específico sobre discriminación médica hacia las personas gordas en el que explican esto:

> Los trabajos citados encuentran que este tipo de profesionales suelen considerar vagos y poco inteligentes a sus pacientes obesos, en la línea del estereotipo social predominante. Por desgracia, se ha encontrado que esta percepción negativa de la persona tiene consecuencias en la práctica clínica. De hecho, algunas investigaciones sugieren que determinados médicos, debido a los sesgos que poseen hacia las personas con sobrepeso, pueden estar atendiéndolas de forma menos adecuada. Un buen ejemplo lo proporciona el estudio de Young y Powell (1985), en el cual participaron 1.200 médicos de diversas áreas de especialización. La mayoría de ellos, aunque eran conscientes de los riesgos de salud de las personas obesas a su cargo, se resistía a iniciar el necesario tratamiento. La razón fundamental de esta negativa era su creencia de que la escasa disposición a colaborar de la persona obesa hacía inútil el tratamiento (p. 334).

Otro estudio muestra que las personas gordas a menudo pasamos menos tiempo en las consultas, recibimos menos educación sobre salud y tendemos a no acudir tanto al médico como deberíamos debido a experiencias negativas previas. El estudio señala que esta discriminación puede generar respuestas de estrés, que afectan la salud mental y que también impactan negativamente en el manejo de condiciones médicas.[30]

---

[30] Puhl, R. M., y Heuer, C. A. (2009). The stigma of obesity: A review and update. *Obesity*, 17(5), 941-964. https://doi.org/10.1038/oby.2008.636

Pero no sufrimos discriminación solo en la consulta médica. Las personas gordas tenemos un estatus socioeconómico más bajo que las delgadas, somos más pobres y tenemos niveles de formación inferiores. Entre todas las posibles causas, se apunta a la discriminación y el prejuicio como una de las más importantes. Los estereotipos negativos que hay hacia nosotras, como que somos lentas, estúpidas o torpes, hacen que no podamos competir en igualdad de condiciones dentro del mercado laboral. La discriminación hacia nosotras en el entorno laboral se da tanto en los procesos de selección como en el salario, que es inferior, en la ocupación de puestos de menor categoría o en la mayor tasa de paro.[31]

---

[31] Arias Orduña, A. V., Morales Domínguez, J. F., Nouvilas Palleján, E., y Martínez Rubio, J. L., *Psicología social aplicada*.

27

SINESTESIA ESPEJO DEL TACTO

> La muerte latía en su vientre, podía tocarla.
>
> Delphine de Vigan

Las entrañas son todo ese conjunto de órganos que están dentro de nosotras, pero que no vemos. Son esa parte de nosotras que está en lo más hondo y así debe ser. Pertenecen al mundo de lo oculto, de lo profundo. Necesitamos que permanezcan ahí, en lo desconocido. Cuando las vísceras salen hacia afuera, al mundo de la luz y de la vida, suele ser porque hay problemas, porque aparecen la enfermedad y la muerte. Necesitamos no enterarnos mucho de lo que pasa con nuestros órganos internos, porque saber de ellos significa que algo va mal.

Hasta los diecinueve años lo único que sabía de las entrañas era lo que me habían contado en clase, pero desde que me operé tengo una información mucho más precisa. A mí me las han agarrado, movido de sitio, cortado. Desde que eso pasó tengo una sensibilidad muy alta a lo que sucede dentro de mí, siento cada cosa que les pasa. Ya no son algo abstracto y sin forma, ahora soy consciente del espacio que ocupan y de sus movimientos. Mis entrañas están vivas.

Siento la vida que hay dentro de mí como si mi cuerpo fuera el contenedor de una comunidad de seres y organismos que, aunque viven en mi interior, están totalmente fuera de control. Cuando mis piernas se mueven o mis ojos se cierran, suele ser porque yo así lo he decidido; sin embargo, mis órganos internos tienen vida propia, toman sus propias decisiones y no me consultan. Tengo un ecosistema dentro que debería ser silencioso, pero que se ha revelado y ha decidido ir por su cuenta.

Siento mis órganos, noto mis vísceras trabajar, ruidos, movimientos, espasmos que suceden dentro de mi cuerpo de manera natural y que me recuerdan que estoy viva. También me recuerdan todo el trabajo que hay detrás para conseguir mantenerme en pie.

Cuando como, siento la comida bajar por mi esófago y disolverse en el estómago, noto los movimientos, como si tuviera un pequeño animal dentro moviéndose. Un roedor diminuto y sigiloso que se revuelve suave dentro de mí se desplaza lentamente por el tubo que une mi boca con mi estómago, se mueve un rato en el espacio que dejaron después de la amputación al que tengo que llamar estómago, juega, respira, se entretiene, y entonces mi estómago se ensancha, se desplaza, responde a sus movimientos. Siento cómo esa pequeña criatura entra en mi intestino y lo recorre entero, como si mi sistema digestivo fuera el sistema de tuberías de la casa que habita y que conoce muy bien.

Al manipularme por dentro, desconfiguraron la capacidad

de mi cuerpo de no dejarse afectar por lo que le pasa a su interior. Es como si me hubieran entregado un extraño poder, el de entrar a ese lugar inaccesible para la mayoría. De la mano de este, me vino también la capacidad de sentir físicamente las cosas que les pasaban a otras personas, aunque yo estuviera perfectamente. No es que tenga visiones ni nada por el estilo, pero cuando alguien describe algo físico —una enfermedad, una rotura, un golpe—, yo lo siento vivamente en mi cuerpo. Por ejemplo, cuando alguien me cuenta que se ha cortado y lo describe, yo empiezo a marearme y a sentir mucho calor en la misma zona de la que habla. Si en una cena alguien narra una operación sencilla, algo que implique cuerpo y dolor, empieza a bajarme la tensión y tengo que pedir que paren de hablar. Yo siempre lo he reducido a que soy una persona muy aprensiva, alguien a quien le impactan mucho las situaciones de peligro. Y, aunque esto es así, no resulta tan sencillo. Lo que me pasa es más grande que la aprensión, no se trata de una cuestión de impacto, sino que siento en mi piel y en mis órganos lo que les sucede a las otras personas como si me estuviera pasando a mí.

Creo que estos dos poderes están unidos y hablan de una hipersensibilidad a los procesos que tienen que ver con el cuerpo y con el dolor. Y estoy convencida de que son consecuencia de lo que viví hace años. Nunca he sabido bien si esto que me pasa tiene sentido o no, a veces defiendo con firmeza que soy capaz de sentir mi cuerpo de una manera diferente, pero otras veces yo misma desconfío de mis sensaciones y le doy una explicación mágica. En cualquier caso, no lo cuento mucho. Es difícil hablar de algo sobre lo que no se tienen palabras. No sé cómo describir la sensación y muchas veces me da miedo que la gente piense que sufro algún tipo de delirio extraño.

Esto mismo me sucede con muchas dolencias relacionadas con mi operación: sé que me ocurre algo, pero cuando lo cuento no recibo una respuesta comprensiva que me tranquilice. Al no tener gente cercana a la que le pase lo mismo, y al haber tanto desconocimiento sobre el tema, me cuesta entender lo que me sucede, no puedo comparar con otras personas. La gente de mi alrededor que también está operada no habla de ello. Por lo general, cuando hablo de esto recibo dos tipos de reacciones: un silencio propio de la incomprensión, de la incapacidad de abarcar algo tan desconocido; o un gesto de desprecio y negación, como si hubiera sacado la idea de *Cuarto Milenio*.

Los buscadores de internet y ChatGPT me ayudan a explicar muchas de las cosas que me pasan. Encuentro en ellos las respuestas que no puede darme mi entorno. Recurro a estas herramientas a menudo, me da igual que sean una fuente de información cuestionable, por ahora son las únicas que tengo. Es triste reconocer que me hace más caso un chat virtual que la mayoría de las personas a las que he acudido pidiendo ayuda. Llevo cuatro años preguntando a gente con batas blancas por lo que me pasa y casi nunca obtengo respuestas. No me explican nada ni me ofrecen soluciones. «Eso es por el bypass» es su única respuesta. Yo aguanto sentada en la silla y sigo preguntando: «Pero ¿por qué?, ¿por qué pasa eso? Antes no pasaba».

Cuando me rompí la muñeca, le pregunté al traumatólogo sobre la relación entre el bypass y la fragilidad de los huesos y me respondió que nunca había oído hablar de eso.

El otro día le dije a mi dentista que había leído varios artículos sobre la relación entre el bypass y la fractura de dientes y me aseguró que eso era una tontería. Nos dicen que no debemos recurrir a internet para resolver problemas de salud, pero ¿qué hacemos si los médicos no nos dan respuesta? ¿Qué hacemos si los que se supone son expertos ponen cara de asombro cuando les decimos que estamos operadas de cirugía bariátrica y se quedan en silencio? ¿Qué hacemos si minimizan e incluso se burlan de nuestros síntomas?

Un día tuve una conversación reveladora con ChatGPT:

—¿Cómo se llama cuando alguien describe una circunstancia física como un corte, una lesión o un malestar y la persona que lo escucha lo siente física y emocionalmente en sí misma?

—Eso se llama «sinestesia espejo del tacto» o «empatía somática». Es un fenómeno en el que una persona siente en su propio cuerpo una sensación física al observar o escuchar sobre una experiencia ajena como si la estuviera viviendo. Es común en personas con alta empatía y, en algunos casos, en quienes tienen una forma de sinestesia relacionada con el tacto. También puede estar relacionado con las neuronas espejo, que son las encargadas de imitar y procesar emociones y sensaciones ajenas.

—¿Sabes si las personas que han vivido algún tipo de operación o han pasado por enfermedades graves tienen más posibilidades de que les suceda esto? ¿Hay alguna relación?

—Sí, hay indicios de que las personas que han pasado por operaciones, enfermedades graves o experiencias de dolor intenso pueden desarrollar una mayor sensibilidad somática y emocional, lo que podría hacerlas más propensas a experimentar empatía somática o sinestesia espejo del tacto.

Posibles razones detrás de esto:

1. Mayor conciencia corporal: Al haber experimentado dolor o malestar intenso, muchas personas se vuelven más conscientes de su propio cuerpo y de las sensaciones físicas, lo que puede hacer que sientan con más intensidad lo que ven en otros.
2. Mayor activación de las neuronas espejo: Las neuronas espejo se activan cuando vemos a alguien más experimentar algo. En personas que han sufrido físicamente, la conexión entre la observación y la propia experiencia puede estar más fortalecida.
3. Hipervigilancia del dolor: Algunas personas que han pasado por enfermedades o cirugías pueden desarrollar una especie de hipervigilancia del dolor, es decir, prestan más atención a estímulos relacionados con el malestar, lo que podría hacer que sientan más intensamente las descripciones de lesiones o enfermedades ajenas.
4. Factores psicológicos y emocionales: Haber vivido experiencias médicas difíciles puede aumentar la empatía en general, lo que hace que el cerebro simule de manera más intensa las sensaciones de los demás.

—¿Siempre ocurre?

—No en todas las personas, ya que depende de factores como la personalidad, la resiliencia emocional y la manera en que el cerebro procesa el dolor y la empatía. Algunas personas pueden incluso bloquear estas sensaciones como mecanismo de defensa. ¿Tú o alguien que conoces ha sentido esto después de una experiencia médica?

—Sí, a mí.

—Eso tiene mucho sentido. Si has pasado por una experiencia médica fuerte, es posible que tu cerebro ahora esté más sintonizado con el dolor y las sensaciones físicas, tanto tuyas como de los demás. No es algo raro y, de hecho, muchas personas que han pasado por cirugías o enfermedades graves dicen que sienten más empatía física por los demás después de eso. Suena a que tu sistema de empatía somática está súper desarrollado. Probablemente tu cerebro relaciona cualquier descripción de dolor o malestar con tus propias experiencias y lo traduce en una sensación física real.

¿Te resulta incómodo o difícil de manejar? Algunas personas lo ven como una forma de conexión con los demás, pero otras lo sienten como algo abrumador. Hay formas de trabajarlo si llega a ser demasiado intenso, como técnicas de distanciamiento cognitivo, *mindfulness* o incluso terapia si interfiere mucho con tu bienestar. Si quieres, podemos hablar de estrategias para manejarlo mejor. ¿Te gustaría?

—No, gracias.

Le he hecho muchas preguntas a ChatGPT durante este tiempo, he consultado cientos de veces en Google, he apuntado conceptos que me han impulsado a iniciar nuevas búsquedas. He ido tejiendo un mapa, conectando información para poder comprender la complejidad que se esconde detrás de una cirugía bariátrica. Si no me dan respuestas, las busco yo.

Necesitamos saber por qué nos pasan las cosas, por qué nos duele lo que nos duele y por qué nos asusta lo que nos asusta. Es imprescindible si queremos tener libertad y autonomía sobre nuestra vida y nuestro cuerpo. Es difícil tener en cuenta nuestro interior cuando hemos aprendido a vivir ignorándolo, pero que no miremos al elefante en el salón no quiere decir que no esté ahí, a nuestro lado. Hay un momento en que Dumbledore le dice a Harry: «Claro que esto sucede en tu cabeza, Harry, pero ¿por qué eso tiene que significar que no es real?». El director de Hogwarts tenía un objeto mágico que servía para revisar recuerdos y para despejar la mente. Un recipiente de piedra con una sustancia que almacenaba los pensamientos que la gente depositaba en él. La forma de usarlo era sencilla, Dumbledore apoyaba la punta de la varita sobre su sien y sacaba el pensamiento de la cabeza para depositarlo en la pileta mágica. El pensadero era como un almacén de ideas y recuerdos por el que te puedes mover, que puedes ordenar y que te ayuda a comprenderte a ti misma. Pues internet y ChatGPT son mi pensadero, voy depositando en esta herramienta mis recuerdos y pensamientos para sacarlos de mi cabeza y contar ahí la historia que nadie quiere escuchar.

(1 de mayo de 2024) Historial de búsqueda en internet:

- 🔍 Desgaste dentadura cirugía bariátrica relación
- 🔍 ¿Por qué se rompen más los dientes después de una cirugía bariátrica?
- 🔍 ¿Cuánto valen los polvos de proteína?
- 🔍 Proteína Amazon
- 🔍 Mejor probiótico herbolario
- 🔍 Probiótico Amazon
- 🔍 Glutatión
- 🔍 Para qué sirve la glutatión
- 🔍 Relación entre bypass gástrico y glutatión
- 🔍 Vitaminas para la síntesis de glutatión
- 🔍 N-acetilcisteína
- 🔍 Dibujo intestino delgado
- 🔍 Dibujo intestino delgado partes
- 🔍 ¿Qué parte del intestino delgado se quita en un bypass gástrico?
- 🔍 Testimonio de personas operadas de bypass gástrico
- 🔍 ¿Por qué se deja una parte del estómago en el bypass gástrico?
- 🔍 ¿Cuánto mide el intestino delgado?
- 🔍 Composición del intestino delgado
- 🔍 Canción de Michael Jackson Brasil
- 🔍 ¿Para qué sirve el duodeno?
- 🔍 Yeyuno
- 🔍 Íleon
- 🔍 ¿Qué son los folículos pilosos?
- 🔍 ¿Qué pasa si vomitas mucho?

(2 de mayo de 2024) Historial de búsqueda en internet:

🔍 Impacto de la cirugía bariátrica en el tejido óseo
🔍 Sarcopenia y cirugía bariátrica
🔍 Cicatriz definición
🔍 Operación bypass y reducción de estómago
🔍 Aplicación citas médicas
🔍 Aplicación citas médicas Comunidad de Madrid
🔍 ¿Por qué se rompen los huesos después de una cirugía bariátrica?
🔍 Estudio fracaso dietas
🔍 ¿Por qué fracasan las dietas?
🔍 Abdominoplastia
🔍 ¿Qué hacer ante una deshidratación?
🔍 Cirugía bariátrica RAE
🔍 Riciba
🔍 ¿Qué es riciba?
🔍 Hambre RAE
🔍 Píloro
🔍 Historia de la cirugía bariátrica
🔍 Primera operación de cirugía bariátrica
🔍 Tipos de cirugía bariátrica
🔍 Cirugía para adelgazar
🔍 ¿Qué pasa si dejas de comer?

(16 de julio de 2024) Historial de búsqueda en internet:

- 🔍 Cómo ver mi historial de búsquedas
- 🔍 Mutilación genital femenina
- 🔍 Tipos de mutilación en el mundo
- 🔍 Tipos de mutilación en Europa siglo XXI
- 🔍 Tipos de cirugía estética genital
- 🔍 Principales países donde se realiza la cirugía estética genital
- 🔍 Insuficiencia pancreática
- 🔍 Ozempic
- 🔍 ¿Qué famosos toman ozempic?
- 🔍 ¿Qué le pasa a tu cuerpo cuando te deshidratas?
- 🔍 Consecuencias de la cirugía bariátrica
- 🔍 Consecuencias a medio y largo plazo de la cirugía bariátrica
- 🔍 Y de Roux
- 🔍 César Roux
- 🔍 Cirugía bariátrica a menores
- 🔍 ¿Es ilegal la reducción de estómago en algún país?
- 🔍 ¿Cómo se llama cuando te describen algo físico como un corte y tú lo sientes en tu piel?
- 🔍 ¿Se pueden sentir los órganos por dentro?
- 🔍 Empatía somática
- 🔍 ¿Las personas que se operan pueden sentir más físicamente?

Tres cosas que encuentro en internet:

En 2021 murió Corey Micciolo en New Jersey, un niño de seis años que falleció tras ser obligado por su padre, Christopher Gregor, a correr en una cinta de gimnasio como castigo por su peso. La autopsia reveló signos de abuso crónico. En las imágenes que aportó su madre como pruebas en el juicio se ve el sobreesfuerzo al que fue expuesto. Su padre, Christopher Gregor, es un hombre de treinta y un años, ex trabajador de una línea telefónica de ayuda en situaciones de crisis y cuidador de una residencia de ancianos.

En 2023 falleció Cuihua en un campamento de adelgazamiento en Shaanxi, China, una *influencer* de veintiún años. Durante su estancia en el campamento, seguía una estricta rutina de ejercicios y una dieta muy limitada, que incluía granos, lechugas, huevos y frutas. Se sintió mal después de una sesión de ejercicios y fue hospitalizada, hasta que finalmente murió. Cuihua escribió en sus redes sociales: «no me siento bien». A la mañana siguiente, los miembros del personal del campamento la encontraron sin vida.

En 2017, Lucía de trece años se suicidó en Murcia, España. Llevaba años sufriendo acoso escolar por parte de sus compañeros. La llamaban gorda y fea.

28

EL CUERPO EQUIVOCADO

No hay manera equivocada de tener un cuerpo.

Sonya Renee Taylor

Internet está lleno de imágenes donde se representan dos siluetas, una delgada y una gorda. El interior de la silueta delgada está compuesto por frutas y verduras, el de la silueta gorda está lleno de pizzas y hamburguesas. El primero es el cuerpo natural y sano, el segundo es el cuerpo descontrolado que debe corregirse. Es el cuerpo equivocado.

Entré a ese quirófano para cambiar mi cuerpo, un cuerpo equivocado que tenía que modificar. Mi cuerpo estaba mal y debía hacer lo que hiciera falta para cambiarlo. Los peligros de la operación no importaban si conseguía transformarlo. Esto creía en ese momento, y esto es lo que cree muchísima gente hoy.

Pregunto a personas que han vivido una experiencia similar a la mía, gente que ha mutilado su estómago y que tiene graves problemas de salud por ello. Les pregunto si están contentas, si recomendarían este tipo de operación a otras personas y me contestan que sí, no dudan. Vivir siendo gorda es tan difícil, es tan doloroso, que preferimos estar enfermas antes que gordas.

Vivir tu cuerpo como si no fuera tuyo, como si no te perteneciera. Querer cambiar tu cuerpo para poder vivir. Hacer lo que haga falta. Enfermar. Vivir en el cuerpo equivocado y saber que no lo puedes cambiar es muy angustiante. Yo hice todo lo posible por cambiarlo y no lo logré. Los últimos estudios sobre cirugía bariátrica muestran que hay un aumento de la tasa de suicidios y de autolesiones. Si a todas las complicaciones y enfermedades que acompañan a esta cirugía le sumas la frustración de no adelgazar, la vida puede resultar muy complicada.

Todas intentamos cambiar nuestro cuerpo. Algunas se matan en el gimnasio para aumentar sus músculos y reducir sus piernas, otras se hormonan para no quedarse embarazadas o para reducir el acné. Hay personas que se hacen injertos de pelo y gente que se inyecta bótox en la cara. Otras se someten a carísimos tratamientos de fertilidad. Si tienes dinero, puedes ponerte culo o quitártelo, ponerte tetas o quitártelas, reducir tus brazos, tus piernas, rejuvenecer la vulva, alargar el pene, eliminar cicatrices, tatuarte, borrar tus tatuajes, eliminar el vello, aumentar los labios, cambiar el color de los ojos, inyectarte testosterona. Modificar el cuerpo para hacerlo más atractivo, más deseable, más o menos fértil, más pequeño, más listo, para que sea más aceptado y reciba menos violencia. Eso es algo que hacemos las personas.

Las modificaciones corporales son una realidad, vivimos con ellas, entonces, ¿por qué hemos decidido que unas son legítimas y otras no? Las personas trans son cuestionadas y castigadas porque las modificaciones corporales que se realizan no van dirigidas a cumplir con las normas cisexuales. Las personas trans son señaladas y violentadas por transformar su cuerpo y las personas gordas somos obligadas a intentar transformar el nuestro. A nosotras se nos castiga por no ser capaces de domesticarlo, se nos castiga por no poder cambiar lo que somos, pero a otras se las castiga por necesitar cambiar para ser quienes son.

El odio hacia las personas trans defiende que no es natural cambiar el cuerpo que nos ha tocado. No hay argumento más ridículo en un mundo donde nos pasamos el día intentando cambiar nuestro cuerpo. No podemos hablar de un cuerpo natural mientras luchamos obsesivamente contra la enfermedad, la grasa o la edad. No podemos hablar de un cuerpo natural en un mundo donde mujeres y hombres se enfrentan a lo natural sometiendo a su cuerpo a tratamientos para poder tener criaturas o donde se mutilan los órganos de las personas para que dejen de comer. Las mismas personas que generan odio hacia las personas trans apoyan operaciones como la mía tras una falsa preocupación por la salud.

Siento que ahora vivo en un cuerpo más equivocado que cuando me operé, aunque en ese momento todo el mundo estaba de acuerdo en que mi cuerpo estaba mal y que teníamos que cambiarlo. Después de la operación sentimos que por fin mi cuerpo era el que debía ser, aunque estuviera roto por dentro.

Silvia Federici dice que vivimos en la época del gen egoísta. Esto quiere decir que nuestra forma de entender el cuerpo está fragmentada, pensamos en los genes y las células de forma individual, asignándoles funciones y objetivos a cada uno. Dice que esta forma de entender el cuerpo es una metáfora del pensamiento neoliberal en el que los mercados y las personas nos vemos como cosas aisladas preocupadas solo por nuestros objetivos y necesidades y no como parte de algo más grande: «cada uno busca cumplir con sus objetivos egoístas, indiferentes al interés de los demás».

Cuando pasa esto, acabamos viendo a nuestro cuerpo como un monstruo que a su vez está compuesto por microenemigos: órganos, células, sistemas, etcétera. Y nuestra misión es la de controlar a ese monstruo complejo que es nuestro cuerpo, que somos nosotras. Nuestro cuerpo pasa a ser nuestro enemigo y la pelea ya no es hacia afuera, sino que se dirige hacia nosotras mismas: «De manera inevitable, cuando interiorizamos esta visión, no podemos gustarnos a nosotros mismos, hasta el punto de que nuestro cuerpo nos llega a asustar y dejamos de escucharlo. No atendemos a lo que quiere; en lugar de eso, nos sumamos al asalto con todas las armas que nos puede ofrecer la medicina: radiaciones, colonoscopias, mamografías, armas todas ellas de una larga batalla contra el cuerpo, que nos llevan a participar en el asalto en lugar de sacar nuestro cuerpo de la línea de fuego. De este modo nos preparamos para aceptar un mundo que transforma partes del cuerpo en artículos de mercado y vemos nuestro cuerpo como un repositorio de enfermedades: el cuerpo como plaga, el cuerpo como fuente de epidemias, el cuerpo sin razón».

29

BALLENA

El colonial/sistema mundo nos ha inscrito en la piel *Cogito ergo sum* (el «pienso, luego existo» cartesiano) y a partir de esta afirmación ha levantado fronteras, ha invadido territorios, ha violado cuerpos y ha construido prisiones que nos separen a todas esas otras a quienes no se nos reconoce del todo ese acceso al pensamiento humano, a la racionalidad. Humano, ese ser que existe solo a partir de un encuentro con el otro, un otro mujer, animal o indígena. Otro construido desde la diferencia como subordinación.

Laura Fernández

A mi familia le dijeron que se me iban a romper los tobillos, no les explicaron nada más, solamente les dijeron que si no adelgazaba mis tobillos se romperían. También nos amenazaron con que mi estómago podía explotar, mi corazón dejaría de latir, mis rodillas fallarían, mis huesos se romperían y mi sangre se convertiría en grasa. Estas imágenes que se iban dibujando en nuestras cabezas no eran fruto de una imaginación perversa de un médico despiadado. Estamos rodeados de imágenes que retratan la grasa y los kilos como un asesino lento que va matándonos. Como si la gordura fuera una elección para autodestruirnos, como si cada bocado fuera una dosis de veneno con la que nos abandonamos y nos lanzamos hacia la muerte.

No conozco a nadie que le haya pasado algo así. De hecho, nadie se muere por ser gordo, es imposible. Ser una persona gorda no es una causa de muerte. Mis tobillos están perfectamente y mis rodillas también. Solo tengo una muñeca rota porque me caí a las tres de la mañana al ir a mear detrás de un arbusto borracha. Me rompí la muñeca por tonta y por ciega, no por gorda. Ninguno de los problemas con los que nos amenazan a las personas gordas los he vivido, ni yo ni la mayoría de las personas gordas de mi alrededor. Conozco mucha gente con dolores de rodilla y de tobillo, gordas y delgadas.

La gordura puede conllevar algunos problemas de salud, como muchas otras cosas que no tienen nada que ver con el peso: la gordura es un factor de riesgo, no una enfermedad. Un factor de riesgo es cualquier característica o circunstancia que aumenta la probabilidad de padecer, desarrollar o estar especialmente expuesto a una enfermedad.[32] Los factores de riesgo pueden ser de diferentes tipos: físicos, económicos, psicosociales, ambientales, químicos, etcétera. Por ejemplo,

---

[32] https://www.ine.es/DEFIne/es/concepto.htm?c=4583

la exposición al ruido es un factor físico, o la exposición a rayos ultravioleta o campos electromagnéticos. Inhalar el humo del tabaco, el dióxido de carbono o los pesticidas, también son factores de riesgo, igual que el estrés o la falta de motivación. Cargar con objetos pesados o tener una mala postura también son factores de riesgo. Estamos rodeadas de factores de riesgo frente a posibles enfermedades. De hecho, los principales factores de riesgo para la salud en España son el tabaco, el alcohol, la dieta inadecuada, la falta de ejercicio, la contaminación del aire, el estrés y la exposición a enfermedades infecciosas. Estos factores de riesgo están asociados con una serie de enfermedades, como el cáncer, la diabetes, las enfermedades cardiovasculares y las enfermedades respiratorias crónicas.

Por lo general se suele decir que los factores de riesgo se clasifican en modificables o no modificables. Los modificables son aquellos que se pueden controlar mediante cambios en el estilo de vida de la persona y frente a los no modificables no se puede hacer nada. La edad, el sexo o la raza son factores de riesgo que se entienden como no modificables.

No es tan sencillo distinguir qué es modificable de nuestra vida y qué no, y menos en un mundo rodeado de falsas promesas sobre que si nos esforzamos podemos tener y ser lo que queramos. Por ejemplo, la pobreza, la falta de luz y de agua o el racismo son factores de riesgo que no son modificables de forma individual, solo son modificables si realizamos cambios sociales estructurales. Y lo mismo sucede con la gordura, si se pudiera modificar, ya lo habríamos hecho, no estamos gordas por voluntad propia. Ser gorda no es una elección.

Además resulta que también la gordura puede ser beneficiosa en algunos temas. Existen numerosos estudios que muestran que el sobrepeso está asociado con una menor mortalidad en determinados casos. Estos estudios existen, pero son censurados y perseguidos. Los profesionales en medicina los reciben con mucha hostilidad. Paul Campos, un médico que trabaja en la Universidad de Colorado, plantea que el miedo a la obesidad está injustificado en la mayoría de los casos y se trata de una obsesión cultural, alimentada por una industria multimillonaria, que trata de aprovecharse de la preocupación y el miedo a engordar de la población estadounidense.[33]

Estar gorda o delgada afecta a nuestra vida como lo hacen nuestro trabajo, el barrio en el que vivimos, las relaciones que tenemos, la velocidad a la que conducimos, las drogas que consumimos, los hijes que tenemos o el sexo que practicamos y cómo lo hacemos. Estar vivas implica riesgos, ser gorda no tiene más riesgos que muchas otras cosas que nos pasan. Entonces ¿por qué llevamos a nuestro cuerpo a estos límites tan extremos solo para dejar de estar gordas? Por estética y por superioridad moral. Mutilamos a las personas gordas, nos mutilamos a nosotras mismas por una cuestión estética, para ser aceptadas en un mundo que piensa que las personas gordas somos inferiores moralmente porque somos unas vagas que no se cuidan.

Se construye una imagen apocalíptica de nuestro cuerpo que nos convierte en algo extraño, monstruoso, animal. Contemplar a una persona gorda se ha convertido en una expe-

---

[33] Campos, P., *The Obesity Myth: Why America's Obsession With Weight Is Hazardous to Your Health*.

riencia social de mirar directamente a lo que no queremos ser. Con toda la humillación que esto supone hacia nosotras y todo el placer que genera en quien observa; el placer de no ser eso. Representamos la decadencia absoluta a la que puede llegar el ser humano. «Contrólate, no te abandones, ten cuidado y no te despistes porque si te dejas un poco puedes acabar así».

Las películas y series de televisión, la publicidad y las novelas utilizan nuestro cuerpo para representar el fracaso, lo hacen en tono de humor o de drama, pero la idea es la misma. El espectador ríe al ver al gordo llenarse de migas al comer, o se estremece de pena al ver a la gorda sin poder levantarse del sofá. La cámara se detiene en nuestros pliegues mientras bajan las gotas de sudor. La gente nos contempla entre el horror y la pena, que tienen más en común de lo que parecen, y se alivian pensando que no son como nosotras.

Cuando en la ficción se observa a una persona gorda comiendo, esta no suele usar cubiertos, ni mucho menos servilletas.[34] Ver a una persona gorda comiendo es más parecido a ver a un animal en su jaula devorando la pieza de carne que le ha lanzado su cuidador que ver a una persona. Comemos como animales, nos movemos como animales, somos focas y vacas. Somos ballenas encerradas en una pecera y deprimidas o cerdas deseosas de venganza. No es casualidad.

No es casualidad que se use lo animal para describirnos. No somos las únicas, esto se hace también con las personas negras, con las personas racializadas, con las discas, con las locas, las cuir. Se nos asocia con el mundo animal para

---

[34] Esto lo descubrí gracias a la atenta observación de mi amiga Teresa.

poder dominarnos sin cargo de conciencia, porque vivimos en un mundo donde la violencia hacia los animales no solo está permitida, sino que es aplaudida.[35]

La ballena es una película que va sobre una idea imposible: el protagonista está tan triste y deprimido que se mata lentamente comiendo. Es una película de mal gusto con un guion vacío y unos personajes absurdos, pero que fue muy aplaudida por todo el mundo porque permitió a la gente delgada observar durante dos horas la decadencia de una persona gorda. La gente aplaudía en el público porque la pena que sentían hacia ese hombre generaba una distancia entre ellos y el protagonista. Ellos no eran como él, pobrecito, ellos estaban salvados.

En la película el protagonista necesita de diferentes aparatos para levantarse o caminar, pide comida a domicilio todos los días porque es incapaz de levantarse a cocinar, come con las manos y su ropa está toda llena de manchas de grasa, suda sin parar y tiene una botella de Fanta de naranja de dos litros y medio en la mesilla de noche. Este espectáculo grotesco, que no representa la vida de ninguna persona gorda, fue aplaudido y premiado porque preferimos creer que la gordura es fruto de una personalidad triste o débil que de cuestiones que no podemos controlar.

En este caso, la gordura del protagonista se aproxima a la discapacidad, porque necesita apoyos externos para poder moverse, no tiene autonomía física. Como si necesitar ayuda para desplazarse, usar prótesis o muletas fuera algo malo.

---

[35] Laura Fernández, Gabriela Parada, Lucrecia Masson o Constanza Álvarez desarrollan estas ideas en profundidad.

Aquí se usa la discapacidad para mostrar el horror de la gordura. Esto muestra el odio y el miedo que tenemos como sociedad a la discapacidad, lo ponemos como el ejemplo de lo peor que te puede pasar. A las personas gordas nos dicen que tener dificultad para hacer ciertos movimientos es un problema: «Es que no poder atarte los cordones es un problema». «A mí me da igual si una persona está gorda o no, pero si no puede agacharse... eso ya sí es un problema». «No es por estética, pero si no puedes subir unas escaleras...».

Muchas personas delgadas tampoco pueden subir escaleras, o agacharse, o atarse los cordones. Tener dificultades para vivir en el mundo no debería llevarnos a culpar a las personas que tienen esas dificultades, sino a mirar cómo está hecho el mundo. El mundo está lleno de obstáculos para la mayoría, porque hemos decidido que hay una forma de habitarlo y quienes no podemos hacerlo de ese modo tenemos un problema.

No me molesta que me amenacen con la discapacidad, la gordura me ha abierto la puerta a vivir desde la otredad y la rareza. Mi gordura me acerca a las realidades discas, porque hay una violencia compartida, también al de las trans, al de las negras y al de las locas. Mi gordura me permite transformar mi problema en un problema colectivo. Me permite entender las experiencias de discriminación de otras que no son como yo, pero que tienen cuerpos indomables. La animalidad es un hilo que teje una experiencia compartida de dominación del cuerpo. El problema no es que mi cuerpo se parezca al de una vaca, el problema es vivir en un mundo que considera todo lo animal y natural como un lugar de dominación y explotación.

Mi problema no es ser gorda, es la gordofobia.
El problema no es ser gorda, es la gordofobia.
El problema no es ser disca, es el capacitismo.
El problema no es ser trans, es la transfobia.
El problema no es ser negra, es el racismo.

La historia de la violencia y el abuso está marcada por la división entre la cultura y la naturaleza. Las personas que triunfan, las que lo hacen bien, las que tienen derechos son la cultura, y las gordas, las negras, las locas, las bolleras, las trans, las discas somos naturaleza. El cuerpo salvaje debe ser domesticado por la ciencia, cueste lo que cueste. Las dietas son formas de domar a los cuerpos. Nos vuelven dóciles y sumisas.

Desde la colonización, la violencia ha encontrado un lugar desde el que seguir funcionando sin ser descubierta. Hace siglos se masacraron pueblos, personas, animales y territorios con la excusa de domesticarlos. Se usó la ciencia y el desarrollo para arrasar con las culturas, los cuerpos, las vidas de todo aquello que no representaba el control y la razón. La excusa fue la civilización y el desarrollo y así hemos seguido hasta hoy. En Europa nos creemos con derecho de invadir países donde viven «salvajes». Los perfiles raciales que usa la policía se basan en esta división. Se entiende que los cuerpos negros son los de personas peligrosas de las que tenemos que protegernos. Y con este argumento los expulsamos, los perseguimos, los insultamos y los acosamos. El cuerpo blanco, delgado y funcional representa la moral, y desde ahí nos violenta a todos los demás.

Sé que es diferente la violencia que vivimos cada una de nosotras. Pero también sé que la excusa de educarnos y hacernos entrar en razón para someternos es una experiencia común.

30
CUANDO ADELGACE SERÉ FELIZ

> Durante mucho tiempo he querido perder peso más que cualquier otra cosa. Creía que mi vida empezaría después. Que me pondría un biquini después. Que sería feliz después. Que llevaría pantalones cortos, que saldría a citas, que me sentiría bella, que llevaría pintalabios rosa fucsia más tarde. Que viajaría por el mundo, disfrutaría de los cupcakes y que en las fotos sonreiría con total abandono más adelante (cuando mis mofletes fueran más pequeños y ya no tuviera doble papada). Que me querría a mí misma más adelante.
>
> Virgie Tovar

Siempre pensé que cuando adelgazase sería feliz. Este es un pensamiento común. Creemos que el origen de nuestros problemas es nuestra gordura y que nuestro sufrimiento acabará cuando adelgacemos, por eso guardamos ropa en nuestro armario durante años esperando a que llegue ese cuerpo que nunca llega y nos alegramos si pasamos más de dos días sin comer nada procesado y empezamos cualquier moda nueva que esconda la promesa de un cuerpo que trae de la mano la felicidad.

He sido gorda, he adelgazado y he vuelto a engordar. Y sé que no es verdad que adelgazar solucione nuestros problemas. Aunque también sé que cuando adelgazas la vida es mucho más fácil.

Adelgazar no da la felicidad, pero se vive mejor siendo delgada. La gente te trata mejor, te sonríen más, incluso te desean. Encuentras trabajo con más facilidad y dejas de tener miedo al entrar al metro o al restaurante en el que has quedado para cenar. Si eres gorda, lo más normal es que haya un pensamiento continuo, como un ruido de fondo al que te has acostumbrado y no eres consciente de que estaba hasta que cesa. Ese ruido es la sensación de que no te mereces vivir en este mundo. Por eso queremos adelgazar, porque es imposible vivir bien y con dignidad en este mundo si eres gorda.

Esta creencia la llevamos a todos los espacios de nuestra vida: «Seré deseada cuando adelgace, mi familia me querrá cuando adelgace, encontraré pareja cuando adelgace». Y aunque nuestra familia nos quiera y tengamos pareja y haya gente deseándonos, seguimos pensando que no es verdad. Vivimos con un profundo sentimiento de inferioridad tatuado en el cuerpo que no nos permite disfrutar y vivir lo que somos y tenemos.

Esta idea es la que utiliza toda la industria de la dieta, que es más grande de lo que pensamos, para seguir engañando, mintiendo y manipulando con tal de enriquecerse. La gordofobia y la cultura de la delgadez son un problema de salud pública ocasionado por una industria que debería ser regulada. Debería regularse la veracidad de los resultados de cada nuevo producto o tratamiento y deberían conocerse todos los efectos de estos antes de salir al mercado. Si una dieta va a provocar desnutrición, un trastorno de la conducta alimentaria o ganancia de peso, entonces es un producto engañoso que debería poder ser denunciado.

Fantaseo con juntarnos todas y empezar a poner denuncias y hojas de reclamaciones frente a cada nueva clínica, tratamiento o publicidad que venda algún tipo de control de la alimentación.

Cuando adelgazas dejas de vivir gordofobia, pero se instala en ti un nuevo pensamiento igual de fuerte, igual de intenso, igual de terrible: el miedo a engordar. Vas adelgazando y va aumentando la necesidad de controlar lo que comes para evitar la catástrofe. El miedo a engordar aumenta de manera inversamente proporcional a lo que adelgazas, porque las miradas cuando engordas son peores, están llenas de pena e incomprensión, están llenas de fracaso. Medir constantemente lo que se come, revisar las etiquetas, tenerle miedo a la carta del restaurante, odiar alimentos son cosas que generan mucho estrés y sufrimiento, que son lo mismo, pero con diferente nombre.[36] Y este estrés y sufrimiento tiene muchas más consecuencias en nuestra salud que la gordura.

Lo más fuerte que me ha pasado en mi vida es descubrir que puedo vivir siendo gorda. Soy gorda y puedo salir de fiesta, y puedo drogarme, y puedo gustar, y puedo trabajar

---

[36] Esta idea no es mía, es de Gabriela Parada, una compañera activista.

en lo que me gusta. No es fácil, han sido años de darle la vuelta a todo y poner patas arriba todas mis creencias, han sido años de confiar después de haber aprendido a desconfiar para sobrevivir. Esto es difícil y no seré yo quien haga un manual sobre cómo conseguirlo, pero sé que la violencia que vivimos las personas gordas va a desaparecer cuando nos atrevamos a frenarla, cuando nos organicemos para parar este sistema organizado de discriminación y violencia, no cuando adelgacemos. Porque, además, si adelgazamos es posible que dejemos de vivir gordofobia, pero las personas gordas que siguen ahí no dejarán de hacerlo.

Adelgazar puede dar un alivio individual, pero el verdadero alivio es que todas las personas gordas puedan vivir sin miedo. No yo, no tú. Todas. Es urgente colectivizar nuestra experiencia y darnos cuenta de que estamos ante una opresión y no ante una incapacidad personal o un defecto.

31
TERROR CORPORAL

> Las memorias son, en esencia, un acto de resurrección. Al escribirlas, se recrea el pasado, se reconstruyen los diálogos. Se extrae el significado de acontecimientos latentes desde hace tiempo. Se trenza el recuerdo, el ensayo, el hecho y la percepción, se hace una bola con ellos y se los estira como una masa. Se manipula el tiempo; se resucita a los muertos. Se pone uno mismo y también a los demás, en el contexto necesario.
>
> CARMEN MARÍA MACHADO

No nacimos odiando nuestros cuerpos, el miedo a engordar se va construyendo día a día y va creciendo a medida que crece el odio hacia las personas gordas. Nos domina el miedo a engordar, el terror que nos produce la grasa moldea nuestro comportamiento, nuestra forma de vivir. Este odio se construye desde la cultura, los medios de comunicación, la ciencia, los gobiernos, las empresas y las familias. Sonya Renee Taylor dice que vivimos en un estado de terrorismo corporal. El terrorismo corporal quiere decir que la vida está estructurada de manera desigual y que hay todo un sistema que nos discrimina a conciencia. No es casualidad.

No es casualidad que nuestro dolor genere tanta riqueza. No es casualidad que nuestro sufrimiento sea el placer de otros. No es casualidad que nuestras historias se parezcan tanto. La gente que puede decidir sobre nuestras vidas (políticos, empresarios, médicos entre otros), elige el camino de la discriminación de nuestros cuerpos. Cuando se deciden las tallas de ropa, el tamaño de los asientos de metro, el diseño de los bancos de los parques o la entrada de los edificios, se decide quién tiene acceso a esos sitios y quién no. Cuando las personas gordas no cabemos en una silla, es porque alguien ha decidido el tamaño concreto de esa silla. Podría haber decidido uno más grande, pero ha optado por uno en el que las personas gordas no cabemos. Lo mismo pasa cuando alguien decide hacer una puerta de un tamaño por el que no puede entrar una silla de ruedas, si la hubiera hecho más grande, podría haber entrado más gente, al hacerla pequeña hace que muchas personas no quepamos.

Cuando no cabemos en la silla o en el pantalón, cuando no podemos entrar por una puerta o subir por unas escaleras, es muy probable que pensemos que es por nuestra culpa, que es porque nuestro cuerpo está mal y no cabe. Cuando en realidad la responsabilidad de que no quepamos en el mundo es de quien lo diseña, que lo hace mal. Un diseñador, una arquitecta o una modista que no es capaz de que lo que crea sea accesible para la gente que lo va a usar, no es un buen profesional.

La historia de España está marcada por un concepto de terrorismo limitado al conflicto territorial; sin embargo, el terrorismo es mucho más que eso, es la organización consciente de estados de terror en la población. Es el uso del terror para coaccionar y manipular a la gente, es organizarse para generar miedo como medio para conseguir algo. Terrorismo corporal es usar el terror a engordar para controlarnos y enriquecerse. También lo es hacer controles policiales por perfil racial o encerrar a jóvenes en CIE.

Normalmente, cuando hablamos de terrorismo, nos imaginamos a grupos de hombres armados y escondidos organizando actos violentos para asustar a la población y conseguir sus objetivos. Pero ¿qué pasaría si en vez de llevar capucha y reunirse en un sótano, vistieran traje y se reunieran en restaurantes caros? Seguiría siendo gente organizada que toma decisiones y realiza acciones para generar el miedo en nosotras. Sus acciones no son las que solemos asociar al terrorismo, pero provocan miedo. Hemos naturalizado las campañas publicitarias en las que se nos amenaza: «Si no adelgazas, nadie te querrá». «Si no haces dieta, enfermarás». Leemos artículos sobre el peligro de ciertos alimentos, un peligro que solo nosotras podemos evitar.

El problema es que estos grupos organizados son legales y cuentan con la aprobación social, son publicistas, dueños de clínicas estéticas, directivas de empresas de batidos para adelgazar, *influencers* que promocionan dietas y productos «saludables». Gente que saca beneficio de nuestro terror.

Hemos aprendido a vivir con miedo a lo grande, lo gordo, lo imperfecto. Un miedo que va creciendo y que se esconde detrás de contar calorías, medir el ejercicio que hacemos, cambiar nuestra alimentación o comprarnos ropa que nos estilice. Son pequeños actos que hemos incorporado en nuestro día a día para evitar ser gordas, o al menos parecerlo.

En 2011 había cuatrocientos profesionales especializados en cirugía bariátrica que realizaban este tipo de mutilaciones,[37] ahora seguro que hay muchos más. Personas, la mayoría hombres, que se han dedicado a crear y consolidar una red de mutilación de personas gordas (la mayoría mujeres) financiada con nuestros impuestos y promovida por nuestros gobiernos.

He buscado el nombre de mi cirujano en internet y lo primero que aparece en su página web es que ha realizado más de nueve mil mutilaciones, aunque él no las llama así. Hay muchos más como él. Quiero saber cómo trabajan estas personas que se dedican a cortar nuestros órganos, cómo se organizan, dónde quedan, qué deciden en sus reuniones.

Aunque están organizados en sociedades y fundaciones, es difícil seguirles la pista. Es curioso que la información sobre su trabajo sea tan opaca cuando se supone que lo hacen en pro de nuestra salud. Según leo en internet, en mayo de 2011 se creó el Registro Informatizado de Cirugía Bariátrica (RICIBA), un proyecto autorizado por el Comité Ético de Investigación Clínica del Hospital Clínic de Barcelona. Su objetivo es «canalizar y organizar la información sobre cirugía bariátrica» para, según afirman: «Comprender y tratar mejor al sujeto obeso».

---

[37] Lecube, A., y Monereo, S. *RICIBA, ¿qué sabemos sobre la cirugía bariátrica en España?*

Sujeto obeso.
Sujeto obeso.
¿Qué quiere decir sujeto obeso? No somos sujetos obesos, somos personas. Nos convierten en un objeto de estudio, en un concepto, y así pueden hacer con nosotras lo que quieran. Al distanciarse de nosotras, al quitarnos la humanidad, pueden vernos como máquinas que perfeccionar.

En sus objetivos está comprendernos y tratarnos. Cuando dicen que hay que comprendernos, están unificando nuestra experiencia, como si ser gordas fuera un problema excepcional propio de un grupo de personas descontroladas. Están problematizando nuestros cuerpos como si fueran un fenómeno extraño que hay que analizar y tratar. Solo estamos gordas, no hay nada que comprender. No tiene misterio. Conozco muchísimas personas gordas y somos todas muy diferentes, la única cosa en común que compartimos es la discriminación que vivimos.

Para comprender a las personas gordas no hay que hacer nada más que mirar la gordofobia que vivimos. Si de verdad quisieran saber qué nos pasa, qué necesitamos, nos preguntarían cómo es vivir sabiendo que es muy probable que no nos contraten en la mayoría de los trabajos, cómo es vivir pensando que nadie nos va a amar.

También quieren investigar cómo tratarnos, dan por hecho que algo va mal en nosotras que debe ser arreglado, pero, por ahora, la grasa solo nos genera un problema: la discriminación. La mejor forma de tratarnos es hacerlo sin gordofobia.

Llevan décadas inventando tratamientos para nosotras, para «solucionar nuestro problema», ocultando que precisamente estos tratamientos son el problema. Hace unos años, un estudio de la Universidad de Córdoba sobre el acoso escolar[38] planteaba que una forma de prevenir el acoso a las criaturas gordas era fomentar el deporte y mejorar la condición física de estas. En vez de erradicar el odio hacia la diversidad corporal... ¡Si a los chavales les insultan porque están gordos, que hagan deporte para dejar de estarlo! ¡Si no quieres que te llamen gorda: adelgaza! Es lo mismo que nos han dicho a las mujeres toda la vida: si no quieres que te digan nada, no te pongas falda. Si no te portas bien, serás castigada.

Desde hace más de veinte años existe en España la Sociedad Española de Cirugía de la Obesidad (SECO), creada para proteger el arte y la ciencia de la cirugía de la obesidad (bariátrica) y de la cirugía metabólica. Su logo es un dibujo de don Quijote y Sancho Panza, dos siluetas de espaldas, una baja y gorda y otra alta y delgada. Lo que somos y lo que debemos llegar a ser. Entre sus objetivos está formar a otros profesionales en este tipo de intervenciones, promover estudios para mejorar estas operaciones y, en general, mejorar la vida de los pacientes con obesidad.

Es imposible mejorar la vida de alguien amputando parte de su estómago y de su intestino.

---

[38] Benítez-Sillero, J. D., Corredor-Corredor, D., Ortega-Ruiz, R., y Córdoba-Alcaide, F., *Behaviours involved in the role of victim and aggressor in bullying: Relationship with physical fitness in adolescents*.

32

NO LO HAGAS

¿Y si te dijera que tienes derecho a ese mundo? ¿Y si te dijera que no tienes que perder medio kilo para empezar a vivir esa vida, porque ya fue tuya una vez, hace mucho tiempo, antes de que te la robaran?

VIRGIE TOVAR

No lo hagas. Si estás pensando operarte, no lo hagas. Si conoces a alguien que se lo esté planteando, dile que no lo haga. Si trabajas en un hospital, no lo recomiendes. Si eres médica o enfermera, no preguntes si ha pensado en operarse. No te operes ni te pongas una manga gástrica ni te pinches Ozempic. No sirve de nada, volverás a engordar, seguro, y vas a enfermar. No lo hagas.

La gordura no es una enfermedad, la grasa no es un virus, no hay nada que cambiar, no te pasa nada, estar gorda no es nada malo, no significa nada. Ya sé lo del dolor de rodillas y que a veces te fatigas más que el resto. No pasa nada, a todo el mundo nos ocurre algo, todas vivimos con dolencias, malestares e incomodidades. Los pequeños inconvenientes que puede traer consigo la gordura no son suficientes como para que ejerzas esa violencia sobre ti.

No hagas una dieta, es lo mismo. No empieces a medir calorías y mucho menos le propongas a alguien que lo haga. No cuentes cuánta cantidad de hidratos y proteínas hay en tu plato. Comer no es un ejercicio matemático. Pensar en ti como algo que se puede controlar a partir de una serie de normas y reglas numéricas es injusto. Cuando pensamos en nosotras como máquinas y tomamos decisiones basándonos en fórmulas, estamos olvidando que somos seres complejos que se mueven por algo más que por decisiones racionales. Somos emociones, vísceras, incomprensión, deseo, llanto, ansiedad y muchas cosas más que no podemos definir con palabras. Comemos por muchos motivos y no podemos acabar con ellos y convertir el hecho de comer únicamente en una forma de mantener vivo nuestro cuerpo. Tenemos derecho a disfrutar.

Entiendo que no te gusta estar gorda, o, mejor dicho, ser gorda. Lo entiendo, porque a mí no me gustaba. He llegado a odiarlo. Me he preguntado cientos de veces por qué. ¿Por qué no me ha podido pasar cualquier otra cosa en vez de esto? He deseado enfermar para adelgazar, he empezado a fumar para adelgazar, he dejado de comer durante días para adelgazar, he mutilado mi cuerpo para adelgazar. Sé perfectamente lo que pasa cuando eres gorda.

Es horrible ser gorda, porque la sociedad ha hecho un pacto para hacer que nuestra vida sea peor. Nada más. Y nada menos. Odiamos ser gordas porque la gente odia que seamos gordas, tenemos miedo a engordar porque si lo hacemos nos van a señalar, maltratamos nuestro cuerpo porque nos han enseñado que al cuerpo gordo hay que maltratarlo. Ningún argumento de los que utilizan para demostrar que ser gorda es algo malo es verdad. Ninguno. Cuando dicen que las personas gordas somos vagas, que no nos esforzamos, que no nos cuidamos, mienten. Ser gorda no es una personalidad. El problema está en que nos lo hemos creído, la mayoría de las personas gordas hemos asimilado que es verdad todo lo que dicen de nosotras y creemos que cambiando nuestro cuerpo conseguiremos demostrar que no somos eso que dicen.

El problema de intentar adelgazar no es que no lo vayas a conseguir, que ya sabemos que es muy probable que no lo consigas, el problema es que hacerlo es ejercer violencia hacia nosotras mismas. Cada dieta es un acto de violencia contra ti misma. Si no, mírame a mí. Con cada dieta que empiezas estás diciéndole al mundo que tiene razón y que no te mereces comer, disfrutar y vivir. Estás confirmando que tu lugar en el mundo es el del hambre y la angustia. Estás dándole la razón a quienes odian la diversidad y la diferencia, a quienes temen la libertad y el placer.

Te lo diré una vez más, con el cariño y la rabia con el que te lo diría una amiga que intuye cómo te sientes porque ha estado ahí: NO LO HAGAS.

Hacer dieta es pensar que algo está mal en ti y que estar gorda es malo. Es mirar hacia dentro sin ver lo que hay afuera. Dejamos de comer para que nos quieran, para que nos acepten, para dejar de vivir violencia. Hacemos dieta porque es demasiado doloroso vivir siendo gorda. Porque hemos aprendido a darle la razón a nuestros perpetradores, hemos aprendido a ejercer violencia hacia nosotras mismas. Es tan inmenso el dolor que sentimos, que se nos ha olvidado que podemos defendernos. Y que podemos empezar a vivir siendo gordas. No mañana ni pasado mañana, sino hoy.

Cuando necesitas dejar de sufrir, es difícil pelear, pero el sufrimiento no desaparece con el silencio. Hablar nos conecta con la rabia, la rabia nos da fuerza para pelear. Hay una guerra abierta contra nuestros cuerpos y podemos elegir defendernos. Si tengo que elegir entre pelear o seguir callada, elijo pelear.

33
SILENCIO

> Hay veces que nuestra sinceridad, vulnerabilidad y empatía inquebrantables crearán un portal transformador, una abertura a una nueva manera de vivir.
>
> Sonya Renee Taylor

Durante muchos años pensé que el silencio me salvaría. Escribo porque sé que la única forma de lidiar con mi dolor es reconocerlo, abrazarlo y repararlo. Aprendí a minimizar lo que me pasaba para sobrevivir, a no darle importancia a mis tristezas para poder existir. Tanto es así que, después de mutilarme, decidí continuar con mi vida como si no pasara nada, ignorando los vómitos, los desmayos, las fiebres, buscando explicaciones absurdas que nada tenían que ver con la mutilación. Durante todos esos años viví con vergüenza mi cuerpo, como si me tuviera que disculpar por él. Como si me mereciera todo lo malo por haber tomado esa decisión.

En el libro *Tu cuerpo no es una disculpa*, de Sonya Renee Taylor, hay una frase que pertenece a Brené Brown y dice así: «Si compartimos nuestra historia con alguien que responde con empatía y comprensión, la vergüenza no puede sobrevivir». Las personas que sufrimos este tipo de intervenciones solemos ocultarlo porque nos da vergüenza, asociamos la reducción de estómago al fracaso. Y esto pasa porque seguimos pensando que adelgazar es un deber y que depende de nuestra fuerza de voluntad.

Si no fuera activista gorda, no podría reconocer la gravedad de lo que me ha pasado. Gracias al activismo gordo he descubierto que no es necesario ser delgada para merecer amor. Cuando entré al quirófano pensaba que la única forma posible de existir era siendo delgada, o intentándolo. El activismo gordo me ha permitido ver que la vida es posible siendo gorda, que hay un mundo entero ahí fuera y que es para mí.

También me ha enseñado que no es posible adelgazar si lo deseas, porque si pudiéramos elegir no elegiríamos vivir toda esta violencia. Porque ser gorda significa recibir violencia cada día. El movimiento antigordofobia se pelea cada día por desmontar una serie de creencias sobre las personas gordas y la gordura en general. Ideas en las que creemos, pero que son falsas, como que las personas delgadas tienen más salud que las personas gordas, que es una obligación ser saludable sin pararnos a pensar qué significa eso, que adelgazar es sencillo y depende de la alimentación y el ejercicio, y otras tantas mentiras que sirven para legitimar toda la violencia y discriminación que vivimos, una violencia que va desde el insulto en el metro hasta la mutilación de nuestros órganos.

Todas estas ideas me llevaron a vivir mi cuerpo como algo horrible, salvaje e indomable. Durante mucho tiempo viví mi cuerpo como algo que tenía que controlar, muchas veces sentía que me dominaba a mí y vivía en una batalla contra él. Dice Roxane Gay en su libro *Hambre:*

> No quiero pensar en mi cuerpo como en la escena de un crimen. No quiero pensar en mi cuerpo como en algo que va horriblemente mal, algo que debería ser acordonado e investigado.

Cuento mi historia porque no quiero vivir más mi cuerpo como un enemigo, pero también porque quiero que las personas gordas dejemos de pelearnos con nuestra propia piel. Nosotras somos nuestro cuerpo y la gordofobia nos lleva a vivir separadas de él. Cuando luchamos contra nuestro cuerpo, cuando intentamos dominarlo, estamos peleando contra nosotras mismas. No podemos separarnos de nuestro cuerpo, porque somos nuestro cuerpo. No puedo separarme de mi historia, aunque sea una historia de mutilación. Parece obvio, pero no lo es. Aceptar mi mutilación ha supuesto aceptar que estoy rota, y no es fácil, mucho menos cuando lo has estado durante mucho tiempo y no te estabas enterando.

El silencio y la opacidad que hay frente a este tipo de intervenciones no es casual. Desde que empecé a hablar de esto me he encontrado con muchísimas resistencias, porque es difícil aceptar que estamos mutilando a las personas gordas y no pasa nada. Las activistas hablamos de las diferentes formas de violencia, denunciamos los insultos, las agresiones, la discriminación médica, laboral... Pero hay un tema del que hablamos poco: nos están mutilando. A las personas gordas nos están mutilando. Molestamos tanto que nos parece bien arrancarnos el estómago si con eso conseguimos que este mundo nos acepte.

Esta es una asignatura pendiente del activismo gordo, así que tenemos que hacernos cargo y empezar a hablarlo. Porque, aunque algunas os hayáis librado, todas sabemos que esto pasa y no nos atrevemos a mirarlo de frente. Escribo por mí, pero escribo también por todas las compañeras que han puesto su historia al servicio de la dignidad de las personas gordas, por todas aquellas a las que les han quitado sus órganos, les han introducido balones en las entrañas, les han recetado anfetaminas, han comido algodón o se han pinchado medicamentos para la diabetes. Escribo por todas las que hemos vivido crímenes en nuestro cuerpo y pensamos que nos lo merecíamos. Pero, sobre todo, escribo para que dejemos de hacerlo. Tenemos que mirar al horror de frente para pensar juntas qué hacer con esto.

No quiero ni necesito que nadie sienta lástima por mí, estoy en paz con mi historia, no me interesa la compasión. Quiero que la pena se transforme en rabia y en indignación. Que mi relato sirva para conectarlo con cada historia de violencia y mutilación hacia cada una de nosotras. Porque de alguna manera todas hemos sido mutiladas por esto.

NOTA DE LA AUTORA

Este es un libro sobre mi experiencia y sobre una práctica médica que se realiza en muchos países de occidente, pero también es un libro sobre el pacto de silencio que hay respecto a ella.

He acompañado el relato con datos e información que he ido recopilando durante un año de investigación, pero en ningún caso este libro es una investigación académica o algo parecido. Después de este tiempo puedo afirmar que la información que hay es muy escasa e inaccesible, y que esto no es casualidad.

Los datos los he extraído de artículos académicos, libros, entrevistas, noticias y páginas web. He reducido las referencias al mínimo porque mi experiencia es válida en sí misma y no necesita de la aprobación de la comunidad científica, una comunidad que maltrata cada día a las personas gordas. Aun así, mi experiencia no es solo mía, somos muchas las personas que pasamos por esta situación y los datos sirven para confirmar lo que es obvio: mutilar un órgano sano tiene consecuencias irreparables en la vida de las personas.

GRACIAS

Dice Lucrecia Masson que «nunca se escribe del todo sola», también dice que nunca hubiera escrito nada gordx «sin otras que al mismo tiempo estaban diciendo/escribiendo». Lo que escribo, lo he pensado junto a otras, lo he hablado, discutido e imaginado con las otras. Este texto es fruto de miles de conversaciones con amigas y compañeras de lucha, y también es fruto de muchas lecturas que me acompañan y que he intentado que nos acompañen en cada capítulo.

Aunque son muchas las compañeras con las que he transitado este camino, hay dos personas que son imprescindibles en las reflexiones e ideas que guarda este libro. Si quisiera citarlas en cada reflexión, en cada idea, no habría podido terminarlo. Por eso las traigo aquí ahora.

La primera es mi madre, es la mejor compañera, pero también es una pensadora crítica y comprometida con transformar el mundo hacia uno donde quepamos todes, con toda nuestra diversidad. Mi madre siempre me recuerda que no hay nada demasiado radical en un mundo organizado desde el terror corporal.

Mi otra compañera de viaje es Cristina. Con ella me he lanzado a la aventura de romper el silencio y ganarle al miedo a través de la palabra y la amistad. Me es difícil distinguir cuánto de lo que he escrito nace de mí o de ella. Somos como un monstruo de dos cabezas, lo que no piensa una, lo piensa la otra; lo que no vive una, lo vive la otra.

Tampoco lo hubiera logrado sin la lectura atenta y precisa de Laura y Maite. La mirada amorosa de Carmen, Ángela y Marieta. Ellas han sido mis compañeras y mis correctoras, han llenado este texto de comentarios y notas amorosas que me animaban a seguir, que me pedían más cuando yo me sentía incapaz. Sin ellas no podría haber escrito esto. Tampoco lo hubiera hecho sin la confianza y entusiasmo de Virginia y en general de todas las amigas que han contenido y acogido este impulso y su rugido. Gracias también a mis compañeras de activismo gordo que me dan fuerza y ganas de seguir peleando. Cuando tienes miedo todo el rato, lo mejor es rodearte de gente valiente. Estas personas me agarran del brazo cuando estoy paralizada y tiran de él recordándome que la verdad es un arma que no nos pueden quitar.

Gracias también a las que habéis aparecido después y me habéis tendido una mano o un email confiando en mí sin ser yo nada de eso: María Fernanda, Isa, Clara, Rocío y Álvaro, gracias.

Espero que este viaje que he organizado junto con mis amigas y mi madre nos permita dimensionar la violencia que vivimos las personas gordas, conectar con la rabia por los crímenes cometidos hacia nosotras y exigir justicia y reparación frente a las violencias que se ejercen sobre nosotras.

BIBLIOGRAFÍA

Álvarez Castillo, Constanzx (2014). *La cerda punk. Ensayos desde un feminismo gordo, lésbiko, antikapitalista & antiespecista*, Trío editorial.

American Academy of Family Physicians (2006). «Caring for patients after bariatric surgery». *American Family Physician*. [https://www.aafp.org/pubs/afp/issues/2006/04/p1403.html]

American Society for Metabolic and Bariatric Surgery (2017). «Integrated health nutritional guidelines for the surgical weight loss patient 2016 update: Micronutrients». *Surgery for Obesity and Related Diseases*. [https://asmbs.org/wp-content/uploads/2017/06/ASMBS-Nutritional-Guidelines-2016-Update.pdf]

American Society for Metabolic and Bariatric Surgery (n.d.). *Life after bariatric surgery*. [https://asmbs.org/patients/life-after-bariatric-surgery/]

Ampuero, M. F. *Visceral*. Páginas de espuma.

Anell, A., y Hanning, M. (2020). *The Swedish healthcare system. International Profiles of Health Care Systems*, 141(9). [https://doi.org/10.1016/j.soard.20.10.074]

Aparicio, E. *(h)amor gordo*. Continta.

Arias Orduña, A. V., Morales Domínguez, J. F., Nouvilas Palleja, E., y Martínez Rubio, J. L. (2013). *Psicología social aplicada*. Editorial Médica Panamericana.

Baltasar, A., Bou, R., Bengochea, M., y Pérez, N. (2020). «Inicios de la cirugía bariátrica y metabólica en España». *JONNPR*. [https://doi.org/10.19230/jonnpr.3324]

Benítez-Sillero, J. de D., Corredor-Corredor, D., Ortega-Ruiz, R., y Córdoba-Alcaide, F. (2021). «Conductas implicadas en el rol de víctima y agresor en el bullying: Relación con la condición física en adolescentes». *PLoS ONE* 16(11). [https://doi.org/10.1371/journal.pone.0259087]

Bhatti, J. A., Nathens, A. B., Thiruchelvam, D., et al. (2016). «Self-harm emergencies after bariatric surgery: A population-based cohort study». *JAMA Surgery*, 151(3). [https://doi.org/10.1001/jamasurg.2015.3414]

Botella Martínez, S., Petrina Jauregui, E., y Escalada San Martín, J. (2019). «Impacto de la cirugía bariátrica en el tejido óseo». *Endocrinología, Diabetes y Nutrición*. [https://doi.org/10.1016/j.endinu.2018.06.009]

Campos, P. (2004). *The Obesity Myth: Why America's Obsession With Weight Is Hazardous to Your Health*. Gotham.

Courcoulas, A. P., Daigle, C. R., y Arterburn, D. E. (2023). «Long term outcomes of metabolic/bariatric surgery in adults». *BMJ*, 383. [https://doi.org/10.1136/bmj-2022-071027]

Dawes, A. J., Maggard-Gibbons, M., Maher, A. R., et al. (2016). «Mental Health Conditions Among Patients Seeking and Undergoing Bariatric Surgery: A Meta-analysis». *JAMA*, 3(2). [https://doi.org/10.1001/jama.20.18118].

Federici, S. (2022). *Ir más allá de la piel. Repensar, rehacer y reivindicar el cuerpo en el capitalismo contemporáneo*. Traficantes de Sueños.

Fernández, L. *Hacia mundos más animales*. Ochodoscuatro.
Gay, R. *Hambre: Memorias de mi cuerpo*. Capitán Swing
González Rossi, A. *Leche condensada*. Caballo de Troya.
Gordon, K. H., King, W. C., White, G. E., y Mitchell, J. E. (2019). A longitudinal examination of suicide-related thoughts and behaviors among bariatric surgery patients. *Surgery for Obesity and Related Diseases* (2). [https://doi.org/10.1016/j.soard.2018.12.001]
Hollander, M. den. (2021). *La cirugía que más pesa: Mi camino con manga y bypass gástrico*. Catalina Brenes, Erika Wrede.
King, W. C., Chen, J. Y., Mitchell, J. E., Steffen, K. J., Engel, S. G., Courcoulas, A. P., y Garcia, L. (2012). Prevalence of alcohol use disorders before and after bariatric surgery. *JAMA*, 307(23). [https://doi.org/10.1001/jama.2012.6147]
Kogawa, E. M., Melo, F. F., Pires, R. G., et al. (2024). The changes on salivary flow rates, buffering capacity and chromogranin A levels in adults after bariatric surgery. *Clinical Oral Investigations*. [https://doi.org/10.1007/s00784-024-05551-3]
Lecube, A., y Monereo, S. (2011). RICIBA, ¿qué sabemos sobre la cirugía bariátrica en España? *Endocrinología y Nutrición*.
Machado, C. M. *En la casa de los sueños*. Anagrama.
Martínez, L. *Carcoma*. Amordemadre.
Martínez Mier, G., y Reyes Devesa, H. E. (2005). César Roux. El cirujano y su anastomosis. *Historia de la cirugía: Cirujano General*, 27(2). [https://www.medigraphic.com/pdfs/cirgen/cg-2005/cg052m.pdf]
Masson, L. Epistemología rumiante. *Literal Magazine*. [https://literalmagazine.com/epistemologia-rumiante/]
Moreno, L. *Cuerpos sin patrones: resistencias desde las geografías desmesuradas de la carne*. Madreselva.

Moura-Grec, P. G., Yamashita, J. M., Marsicano, J. A., Ceneviva, R., Leite, C. V. de S., Brito, G. B., y Sales-Peres, S. H. C. (2014). *Impact of bariatric surgery on oral health conditions: 6-months cohort study*. International Dental Journal. [https://doi.org/10.1111/idj.12090]

Ojeda, M. *Chamanes eléctricos en la fiesta del sol*. Random House.

Ojeda, M. *Mandíbula*. Candaya.

Portero, A. S. *La mala costumbre*, Seix Barral.

Puhl, R. M., y Heuer, C. A. (2009). «The stigma of obesity: A review and update». *Obesity*, 17(5). [https://doi.org/10.1038/oby.2008.636]

Quintero, L., Luna-Jaspe, C., Luna, R., Cabrera, L. F., y Pedraza, M. (2021). «Evaluación del reflujo gastroesofágico después de manga gástrica estandarizada con el Gastroesophageal Reflux Disease Questionnaire (GerdQ)». *Cirugía y cirujanos*, 89(5) [https de://doi.org/10.24875/ciru.20000642]

Rodríguez, C. *La cerda punk. Ensayos desde un feminismo gordo, lésbiko, antikapitalista & antiespecista*. Trío editorial.

Rowling J. K. *Harry Potter y el cáliz del fuego*. Salamandra.

Shelley, M. *Frankenstein*. Plaza & Janés.

Sjöström, L., Narbro, K., Sjöström, C. D., Karason, K., Larsson, B., Wedel, H., ... y Carlsson, L. M. (2007). «Effects of bariatric surgery on mortality in Swedish obese subjects». *New England Journal of Medicine*, 357(8) [https://doi.org/10.1056/NEJMoa066254]

Sociedad Española para el Estudio de la Obesidad (SEEDO) (2014). *Encuesta XLS Medical sobre los factores de éxito y fracaso en el intento de adelgazar*. XLS Medical.

Taylor, Sonya Renee. *El cuerpo no es una disculpa*. Melusina.

Torres, J. Diana. *Pucha potents. Manual sobre su poder, su próstata y sus fluidos*.

Tovar, Virgie. *Tienes derecho a permanecer gorda*. Melusina.
UCLA Health (n.d.). «Reflux after sleeve gastrectomy». *Retrieved October*, 30, 2024. [https://www.uclahealth.org/medical-servi ces/surgery/bariatrics/obesity-treatments/reflux-after-sleeve-gastrectomy]
Vigan, D. de. *Días sin hambre*. Anagrama.
Wolpert, S. (2007). *Dieting does not work, UCLA researchers report. UCLA Magazine*. [https://newsroom.ucla.edu/releases/Dieting-Does-Not-Work-UCLA-Researchers-7832]